JN068272

古代ローマの料理と食文化
現代に蘇るレシピ35種

Brigitte Leprêtre 著

海田 芙柚悸 訳・編

　本書は全て原著『Roman Ancient Cuisine』の内容に従っ
て掲載しています。本書の特徴として料理の仕上がりをカ
ラー写真で紹介し、分量と調理時間も記載しています。写
真は読者が仕上がりを理解し易いように原著者が想定した
ものです。古代の料理書や文献に分量と調理時間が記載
されていないことが多いため、原著者の調理実施に基づい
て分量と調理時間を記載しています。各料理はフランスの
編集者が味見済みで、分量と調理時間を確認しています。

はじめに

　ローマの歴史は紀元前753年にロムルスの伝説的ローマ建国に始まり、アラリックのローマ占領と西ゴート王国のイタリア内建国を経て紀元476年に西ローマ帝国が滅亡するまでおよそ12世紀に及びます。

　言語、組織、生活様式が統一されていたとはいえ、これほどの長期間の文明を一口にまとめることは至難の業です。遥か遠くへと小アジアやインドまで旅した冒険家のおかげで、そして戦闘や大志ある覇権主義者の征服を通して習慣、伝統、知識は数世紀にわたって絶えず発展しました。私たちが知るところのローマ文明、とりわけ食と料理の嗜好は、帝国の遺産となった書物を中世の修道士が献身的に書写した功労に基づくところがあります。一方で、考古学者の研究によってローマ人の生活様式や習慣が年代特定され、よりよく理解できるようになりました。特に食習慣に関して顕著です。

　本書で紹介するレシピの大部分は『*Marcus Gavius Apicius De re coquinaria*』のフランス語訳書から選りすぐったレシピです。アピキウス（Apicius）は紀元1世紀に初代皇帝オクタウィアヌス・アウグストゥスの後継者であった第2代皇帝ティベリウスの料理係でした。この料理愛好家は紀元前20年か25年あたりに生まれ、ティベリウスの息子ドルスス2世の友人でもあり、贅沢な料理で有名になりました。皇帝の宮廷で調理し、献上した料理の詳細な解説書を後世に遺したので*、今日でも未だにローマ料理の出典に引用されています。

　アピキウスは青年に囲まれているのが好きで、裕福であり、美食には無節操だったことが知られています。一度決めたら、取り止めることはありませんでした。その典型的な例は、素晴らしいと評判の海老を調達するためにリビアへ向けて船を貸し切ったことです。ところが、その海老に落胆すると、すぐさま船をローマへ取って返しました。「駱駝のかかと」や「フラミンゴの舌」といった最も野性的な食材のレシピも創案しました。このような浪費は彼を破滅に追い込み、財政状況を調べてみて、その生活様式を諦めるより、人生を終えることを決断しました。アピキウス以前では大カトー（Cato）とウァッロ（Vallo）が、後にはコルメッラ（Columella）やパッラディウス（Palladius）が食料の生産と保存に関して貴重な情報を記しています。

　農家出身の大カトー（紀元前234年-149年）は、ワイン、オリーヴ、果物の生産と畜産学の専門書を記しました。マルクス・テレンティウス・ウァッロ（紀元前116年-27年）はクィンティリアヌス**によれば「最も勉学したローマ人」でした。詩人、風刺作家、地理学者、文法学者、古代の愛好家だったウァッロは書物

(© cg76-Musée des Antiquités–Rouen, photo Yohann Deslandes)

を多筆しましたが、その中でも農業論『De re rustica (on farming)』が主著書です。この著書から養魚池、カタツムリ飼育所、狩猟の獲物の保存所がローマ時代にあったことが解ります。

Photo Vincent Labelle

　ルキウス・ユニウス・コルメッラはスペイン出身でした。ネロ帝治世時のローマ軍のシリア軍司令官であり、12巻の『農事論 De l'agriculture (De re rustica)』を記し、その中でブドウ栽培法、土づくり、家畜飼育、ワイン醸造法、蜂蜜やオリーヴオイルの生産に亘る農業全般について詳述しています。帝政ローマ前期では植民地から輸入される食物の方が好まれたイタリアでの農業の衰退を既に嘆いていて、労働強化と地主側での領地の管理改善を提唱しています。

　同時期の紀元24年生まれの大プリニウスは、当初は軍隊に任務し、ネロ帝治世では主に執筆していましたが、ウェスパシアヌス帝が大プリニウスを重用し、政権に彼を呼び戻しました。大プリニウスは学者であるとともに有能なリーダーであり、物事を鋭く観察する力も持ち合わせていました。ゲルマン民族との戦闘に関して20巻と、ティトゥス・リウィウスの歴史書『ローマ建国史 Ab urbe condita libri』に基づいて31巻の書物（一部喪失）を記しました。

訳者注記＊近年の研究では、『De re coquinaria』はアピキウスが書いたものではないとの報告があるが、本書では原著に従って翻訳する。
　　＊＊スペイン出身のローマ帝国の修辞学者。多数の皇帝の時代を生き抜いた。

© Mas des Tourelles, Beaucaire

大プリニウスは断固として敵対していたネロ帝の治世について書いています。彼は人生の後半で非常に多くの書物を著しました。現存する唯一の書『博物誌 *Histoire Naturelle*』には宇宙、植物や薬剤などが書かれてあり、当時の最も有名な大酒飲みの人物像も描き出されています。科学的好奇心の犠牲者となった大プリニウスは、紀元79年のヴェスヴィオ（ウェスウィウス）山噴火の際に有害な火山ガスを吸った後に亡くなったとされています。自然が「創造主であり、創造を司る」という彼の主たる思想に発想を得て叙述した書物は、彼と同年代の人達の浪費、贅沢、怠惰な生活など自然を汚染させるものすべてに対して批判的でした。

パッラディウスは4世紀のラテン語著述家で、彼もまた14巻の農業専門書『農事論 *Opus agliculturae*(*De re rustica, Traité d'agriculture*)』を著し、付録に樹木移植について挽歌形式で記しました。

これらの時期の著書のうち、損失なく現存するものもありますが、既に失われたものや数世紀もの長い間に変遷したものもあります。アピキウスの料理書に関しては、オリジナルのラテン語原稿は時の変遷と共に異なった解釈や誤釈で乱されていることに注意しなければなりません。Jacques Andrè 教授の注釈付きフランス語翻訳ではこの変遷について詳説し、コメントも加えてあり、貴重な資料となっています。

アピキウスの料理書に基づいた本書を完成させるには、ローマ文化の料理とはどういうものだったのかを決定する際に想像力を相当働かせなければなりません。実際、アピキウスのレシピはそのままではほとんど使えないものなのです。というのは分量を全く記しておらず、調理法と調理時間にも言及していないからです。もちろん、ペポカボチャ、球根、果物、スパイスなどの二千年前に使われた食材は今日私たちが使っているものとは違っていたでしょう。結果としてここに登場するのは、二千年昔の料理のアートにいざなう、異国情緒にあふれた驚きのタイム・スリップです。読者が完全な食材リストと信頼できる調理時間とを手にし、この古代料理の旅に乗り出せるように本書のレシピはすべて実際に調理し、味見して整えてあります。

(© cg76-Musée des Antiquités–Rouen, cliché Yohann Deslandes)

目次

玉葱とデーツのカラメルソース
フォワグラや肉料理用

　フォアグラばかりでなく、茹でた鶏肉などの白身肉や豚肉にもよく合うソース。

材料

デーツ	20個
赤玉葱薄切り	2片
シェリー酒またはワインヴィネガー	大さじ2
赤ワイン	³⁄₄カップ
蜂蜜	大さじ5
シナモン（またはMalobathrum*の葉）	大さじ2
ガルム（魚醤／ニョクマム）	大さじ1
胡椒	

*古典や中世の文書に記されたシナモンに似た植物

フォアグラの発明者は？

アピキウスは著書の第 7 巻で、無花果で飼養されて肥えた豚の肝臓 ficatum について言及しています。大プリニウスは、鱒の味を良くするために干し無花果で飼養するアイデアはアピキウス自身が考案したと記しています。更には大プリニウスの書物から、古代ローマ時代には鵞鳥を干し無花果やレーズンで強制給餌したことが解ります。この習慣は古代エジプトの時代に遡るもので、この飼養法が描かれたフレスコ画がサッカラの 4500 年前の墓から発見されており、また、紀元前 5 世紀のギリシア人クラティノス (Kratinos) も著述しています。

しかし、その目的は何だったのでしょうか。肥えた肉で料理するためだったのでしょうか。それとも肝臓の味をよくするためだったのでしょうか。多分、その双方だったのでしょう。古代では強制給餌と動物の脂肪の利用は、別々の目的に叶ったことでした。脂肪は肉が硬直化する際に、空気と太陽に触れることから食肉を守るために使われ、その上、鵞鳥の脂肪はランプオイルとしても使われました。香りの良い獣脂はおそらく調理に用いられ、強制給餌で肥大した肝臓はテリーヌにして食べられました。玉蜀黍による強制給餌法はかなり後世になってから中央アメリカで発明されました。

鴨が蔦に囲まれている
図柄のモザイク
チュニジア
Brooklyn Museum

1 赤玉葱の皮を剥き、
  薄切りする。

2 デーツは刻む。

3 玉葱とデーツ、ワイン、
  ヴィネガー、蜂蜜、シナモン、ガルム、胡椒を鍋に入れる。

4 弱火で水分がなくなるまでおよそ30分間煮詰める。

Caramelized onions and dates for foie gras and cooked meats

松の実の冷製ソース
茹でた子豚や白身肉用

甘酸っぱい味のソース

材料

白胡椒	小さじ1
セロリ	小1株
ディル、オレガノ	
松の実	100g
刻んだデーツ	5~6個
シェリー（ワイン）ヴィネガー	大さじ1
ガルム（魚醤／ニョクマム）	大さじ2
ローズマリーやラベンダーの蜂蜜	大さじ2
マスタード	大さじ1
オリーヴオイル	大さじ2

1 松の実を乳鉢で砕く。デーツは刻む。

2 ガルム、蜂蜜、マスタードとオリーヴオイルを加え、微塵切り
　ハーブ、胡椒とヴィネガーを混ぜ合わせる。よくかき混ぜる。

古代の豚肉

　豚肉はローマ人の好物でした。「他のどの動物の肉よりも繊細な味がする。豚肉以外の肉には1種類の味しかないのに、豚肉には50種類ほどの味のバリエーションがある」と大プリニウスは『博物誌』に記しています。ローマ時代のガリア*地方のごみ捨て場で発見された骨の考古学的分析から、全体の50%以上が豚骨であることが確認されています。残りは牛、子牛、子羊、山羊の骨です。フランシュ・コンテ地域圏とジュラ県（Mathay）での発掘から、肉は日干しし、塩水で塩味を付けるか、燻製にしていたことが証明されました。「ガリアの冷肉は味が良く、量も豊富で常に人気があったとウァッロが紀元前1世紀に述べています」（Gérard Coulon）。ローマとイタリアへの輸出は確実で、しかも大量でした。この嗜好は紀元1~2世紀の間にさらに発展し、肉料理を基本とした食事がローマ人の好みとなりました。しかし、アピキウスはティベリウス帝の料理人であり、皇帝は裕福で最高位の人でしたから食事も特別でしたが、平均的なローマ人はこのような肉を基本にした料理を特別な機会にしか食べなかったことを忘れてはなりません。

ローマで発見された史実を描写したレリーフ。紀元1世紀前半
生贄の行進：豚、雌羊、雄牛が生贄にされる場面
ルーヴル博物館蔵　撮影 Yves Buffetaut

＊ガリア人が居住した地域（現代のフランス・ベルギー・スイスとオランダ・ドイツの一部）の古代ローマ人による呼称

類似のレシピ

　マスタードとオリーヴオイルを使わないで作るレシピもあります。この場合、クミン小さじ1杯を加えます。このソースは基本のソースと少し違って甘味と酸味、風味が強く、鶏肉や白身肉にぴったり合う味です。

プルーンとエシャロット
のコンフィ

材料

赤玉葱	2個
エシャロット	4本
種なしプルーン	250g
オリーヴオイル	大さじ3
赤ワイン	¾カップ
蜂蜜	大さじ3
ワインヴィネガー	大さじ4
塩、胡椒、クミンシード	各小さじ1

1 玉葱とエシャロットは皮を剥き、刻む。大きなフライパンにオイル
  を入れ、玉葱とエシャロットを15分間ゆっくり炒める。木べらで
  絶えず掻き混ぜながら炒める。

2 塩、胡椒、蜂蜜、プルーンを加え、次にワインとワインヴィネガーを
  加える。

3 弱火で30分間煮詰め、冷ます。

4 クミンシードを振りかける。ローストビーフ、ポーク、ラムやチ
  キンに添える。

古代ローマの宴会

　デザート・コース（mensae secundae）はローマ帝政期の宴会にのみ出された料理で、当時の宴会のご馳走は常に最低7つのコースに分かれ、そのうち4コースがメイン・ディッシュでした。

1　オードヴル：通常は卵料理、パテまたはシーフード料理
2　第1メイン・ディッシュ：肉と家禽料理
3　第2メイン・ディッシュ：ロースト肉(肉全種類)と狩猟肉の料理
4　デザート：ケーキと菓子

　この4つのコース料理の間にはダンスとゲームが催されて中断し、料理が給餌される時には音楽が奏でられました。ローマの美食が最高潮に達したのは紀元2世紀です。小プリニウスは「料理人は凱旋式典よりも高くついた」とさえ記しているほどです。ローマ時代には富裕な市民と名士は友人、顧客、解放奴隷や彼らの友人などの大勢の客を招待することが伝統でした。一家の当主や最上のゲストにとって、どんなに豪華にもてなしても、美味を尽くしても、それが行き過ぎということはありませんでした。とは言うものの、顧客に残り物と痛んだ果物を出すという有り様を、ローマ詩人ユベナリスが諷刺詩で辛辣に批難しています。

　Georges Hacquardの引用によると、マクロビウスが下記の宴会メニュー例を遺しています。

オードヴル：牡蠣と海菊貝*、浅蜊、雲雀、
　　　　　　脂肪の多い鶏肉とアスパラガス、
　　　　　　牡蠣とムール貝のソース添え、
　　　　　　白黒の巻貝
第1メイン：海菊属の貝、ムール貝、海鞘、
ディッシュ　頭青頬白のロースト、
　　　　　　鹿肉と野性の猪肉の切り身、
　　　　　　チキンパテ、頭青頬白のアスパラ
　　　　　　ガスソース添え、悪鬼貝**
第2メイン：雌豚乳首の生とラグーソース漬け、
ディッシュ　猪の頭、野性鴨のフリカッセ、
　　　　　　ローストダックの胸肉と首肉、
　　　　　　フリギア***産野兎と鶏のロースト
デザート：小麦粉のクリーム
　　　　　　ヴィチェンツァ・ケーキ

*貝殻に棘がある二枚貝
**古代に紫色の染料として使われた
***紀元前12−8世紀に栄えた古代アナトリアの王国。衰退後はローマ帝国領内の地域名

カルタゴで発見された紀元2世紀のモザイク部分。若い給仕が料理を運んでいる。
ルーヴル博物館蔵　撮影　Yves Buffetaut

Prune and shallot confit

牡蠣の クミンソース シーフード用

　シーフードはローマ人の好物でした。とりわけ牡蠣が好みで風味
のよいソースを添えて食べました。

材料

胡椒
ラヴェージ（西洋セリ科の薬草）、パセリ、ミント
粉末クミン
蜂蜜　　　　　　　　　　小さじ1（適宜加減）
酢　　　　　　　　　　　大さじ2
ガルム（魚醤／ニョクマム）　大さじ1
白ワイン　　　　　　　　大さじ1

胡椒とスパイスを潰す。パセリ、ラヴェージ、ミントは微塵切りにする。
酢、ガルム、白ワインとその他の材料を混ぜ合わせ、生牡蠣に添える。
好みで蜂蜜を加えてもよい。

古代ローマの牡蠣とシーフード

　ガリアを含むローマ帝国領土内の遺跡の発掘現場から、シーフードがローマ人の好物であったことが確認されています。Gérard Coulon は著書『ガロ-ローマ人』でガリア詩人のアウ

ソニウス (309年生) がアルカション湾の牡蠣を「私にとって最も貴重な牡蠣はメドックの海水で育ったボルドー産で、皇帝の宴会で出されるほど上質の牡蠣だ。これには遥かに及ばないが、次に良いのはマルセイユ産、ポルト・ヴァンドル近郊のナルボンヌ産や Santons 海*産の牡蠣だ」と褒めたことを引用しています。牡蠣はアクセスが容易な天然の岩礁で収穫さ

れました。ローマ人は牡蠣を殻から外して生のままか調理して食べていました。牡蠣殻の腹側の先端にナイフを入れて開くので、牡蠣殻に線が入ります。発掘中に発見された牡蠣殻でそれが確認されています。ムール貝、浅蜊、帆立、笊貝(ざるがい)、笠貝などの牡蠣以外の貝殻やもちろん蟹の殻も発見されており、時には海岸から遠く離れたスイスなどでも発見されています。貝を海水で満たしたアンフォラに入れ、馬車で運びました。

*Oléron島とフランス西岸との間の海を指す古代名称

古代ローマの港オスティア・アティカの劇場。ローマの市場で売られていたシーフードの大半がこの港から陸揚げされていた。　無断複写・転載を禁ず

Cumin sauce for oysters(and other seafood)

フェンネルのローマ風

　この爽やかな風味のレシピは夏の料理にぴったりです。甘酸っぱい味はローマ料理の典型でした。

材料

フェンネルの球根	1~2玉
乾燥デーツ	20個
オリーヴオイル	大さじ2
レモンジュース	半個分
酢	大さじ1
蜂蜜	
塩、胡椒	
コリアンダーの葉	

Roman-style fennel

特別な効用のある球根

フェンネルの代わりに胡瓜、ラディッシュ、ホースラディッシュ、チコリなどの野菜もこの前菜によく合います。

アピキウスは著書にムスカリの球根について書いています。ムスカリは媚薬の効用があるために、数世紀に亘って人気がありました。しかし、ウァッロによれば、ムスカリの球根は恋人たちのためだけではなく、「いつまで経っても恋人に恵まれない者や新婚旅行のディナーにも水に浸して調理したムスカリが出され、松の実、ルッコラ（ロケット）の汁と胡椒で料理もされた」ということです。

デーツの実を付けた棗椰子の木
チュニジアで発見されたローマ時代の美しいモザイク画
Brooklyn Museum

1 フェンネルの球根をよく洗い、厚い葉を取り除いて流水でよく洗う。
2 球根を細切りにし、レモンジュースを振り掛ける。
3 デーツの種を除き、刻む。

ソースの準備

1 オリーヴオイル、塩胡椒、酢、蜂蜜をよく混ぜ合わせる。
2 コリアンダーの葉を散らして飾り、冷たいうちに食べる。

ムスカリの花はよく知られているけれど、ローマ人が媚薬の効用を楽しむために球根を食べていたことはあまり知られていない。

固茹で卵 松の実ソースとガルム添え

　　ガルムの紹介に打って付けのレシピです。ガルムはローマ料理のほとんど全てに使われていた調味料です。その後、ヨーロッパの料理からガルムが姿を消してしまったのは謎です。それでも、幸運なことにヴェトナムのニョクマム（ヌックマム）が代替調味料になります。

材料　　　　　6人分

固茹で卵	6個
松の実	125g
ルッコラ（ロケット）	3~4掴み
酢、ガルム（魚醤／ニョクマム）	各大さじ1
蜂蜜	大さじ2
胡椒	
ラヴェージまたはセロリ	数本
生のコリアンダー	数本

ガルム

　ガルム (garum)はギリシアで紀元前7世紀に登場しました。大プリニウスは自身がローマ人でしたが、高価であっても腐敗臭がすることの多い魚の醗酵物であるガルムをローマ人が好むことに驚いていました（『カエサルとの食卓 À table avec César』P. Drachline, C. Petit-Castelli）。大プリニウスがガルムの製造法を次のように記しています。ピッチ（コールタールなどを蒸留した後に残る黒褐色の粘質物）で充分に防水加工した30ℓの堅牢な壺に肥えた魚（鰯、片口鰯、鰊、内臓を取り出していない鰻）を敷き詰め、風味のよいハーブで覆い、その上に魚と塩の層を5cmの厚さで重ねます。壺の口まで「魚とハーブ」と「魚と塩」の層を交互に重ね、密閉し、1週間マリネします。それから、20日間以上ずっと掻き混ぜます。出来上がった発酵液は魚の身のジアスターゼによって自己消化し、塩が腐敗を防ぎます。

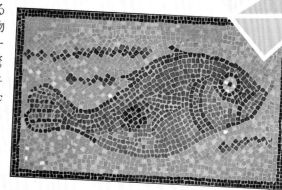

　発酵が完了すると上澄み液を取り分け、漉し、出来上がったガルムをアンフォラに保存しました。固形成分はアレック (hallec) と呼ばれました。ガルムにはこの作り方の他にバリエーションもあり、例えば、甘口ワイン、スパイス、蜂蜜を混ぜて弱火で煮詰める方法などがありました。アピキウスは、塩は味付けとしてありきたり過ぎると考え、ガルムを塩味と甘みの料理の両方に用いることが多かったのです。ガルムの調整法も記しています。「ガルムに悪臭が付いたら、空の壺を逆さにし、月桂樹か糸杉の葉で燻蒸し、空気に晒したガルムを入れる。ガルムが塩辛過ぎる場合は、蜂蜜を2カップ加え、振って混ぜる。発酵前の新鮮な葡萄汁(果醪)でも同様にできる」（アピキウス『De re coquinaria』J. Andrè訳）

チュニジアで発見された魚のモザイク画
ガルムは魚を発酵させて造るソース
無断複写・転載禁ず

1 松の実を乳鉢で砕く。

2 ラヴェージ微塵切り、蜂蜜、酢、ガルム、挽き胡椒を加える。

3 コリアンダーを洗い、水気を取り、刻む。

4 殻を剥いた固茹で卵を半分に切り、ソースをかけ、コリアンダーを飾る。ルッコラを敷いた上に卵を飾る。

レンズ豆と
コリアンダーのサラダ

とても簡単に仕上がり、美味しい前菜にぴったりのレシピ。コリアンダーの風味がありきたりなレンズ豆のサラダを引き立たせます。

材料   4~5人分

レンズ豆	250g
人参	1本
セイヴォリー	1枝

ソース材料

オリーヴオイル	大さじ2
ガルム（魚醤／ニョクマム）	大さじ2
酢	大さじ1
蜂蜜	小さじ1（好みで）
胡椒	
コリアンダーの葉	

大カトー（監察官カトー）紀元前234–149年

　「我が国は贅沢と貪欲という二つの不道徳によって危機に直面している。この二つの害はどの偉大な帝国にもあったものだ」というカトーの言葉をリウィウス*が引用しています。カトーは17歳の時に軍務を開始し、最初は兵士でしたが、直ぐに司令官または護民官となりました。第二次ポエニ戦争の間、スキピオの財務官を務め、また、サルデーニャでは法務官、ヒスパニアとギリシアでは執政官を務めました。

　政界でのキャリアは大変長く、紀元前184年には監察官でしたが、ローマの中産階級への脅威だと彼が考えたギリシアの道徳からの影響と戦いました。良きローマ人というのはほとんどが農民だったので、大カトーは農業専門書『農業論 *De agri cultura*』を著し、その中に自ら考案したレシピを収めています。当時、料理は些細な活動と見做されていたので、料理書というものがない時代でした。

米国若者のための古代歴史書に掲載されたトーガを纏った大カトーのスケッチ像
無断複写・転載を禁ず

*共和政末期から帝政初期の古代ローマの歴史家で『ローマ建国史』の著者。アウグストゥスと親しく、クラウディウスに影響を与えた。

1 レンズ豆を冷水で洗い、鍋で冷水から沸騰させ、3~5分間煮る。沸騰させた湯は捨てる。

2 新しく湯を沸かし、胡椒を加える。レンズ豆を入れ、皮を剥いた人参とセイヴォリーを加えて25~30分間煮る。

3 レンズ豆の水分を切る。

4 オリーヴオイルとガルム各大さじ2杯、酢、胡椒ひと摘みを加え、塩で味付ける。コリアンダーを洗って刻み、風味が損なわれないように給仕する直前に加える。

　レンズ豆は高カロリーで消化が良く、しかも低価格で、完全な食材です。アピキウスのソースは、レンズ豆の淡白な味を風味豊かにするのに最適です。

Lentil and coriander salad

グラナム風スペルト小麦のスープ

　南フランスのサン・レミ・ドゥ・プロヴァンス近郊にあるグラヌム市の遺跡は非常に古く、ギリシア時代に遡るものもあります。グラヌムは当時グラノンと呼ばれ、フォカイア人の街マルセイユからさほど遠くありませんでした。

材料

足肉ハム／塩漬け豚肉	1片	
ルカニア*ソーセージ	3個	*イタリア南部地方の古代名称
ラヴェージ／セロリ	3本	
リーク（ポロ葱）	1本	
人参	3本	
蕪	1個 (好みで)	
丁子を刺した玉葱	1個	
大蒜	3片	
スペルト小麦	2カップ	

タイム、月桂樹の葉、オリーヴオイル

グラナムの街：最初はギリシア、後にローマ

　フランスのサン・レミ・ドゥ・プロヴァンスにある
グラナムは、フランスで最も保存状態の良好なローマ時代
の街の一つです。ジ・アンティークと呼ばれる建物2棟は未だ
に完全な状態で遺っています。この2棟はサン・レミと古代都市
グラナムとの間にあります。グラナムは極めて古い街で、ケルト-
リグリア人の定住が発見されています。この街の住人はSalyes族（リ
グリア同盟の一つ）に従属していたのが、フォカイア人の大都市マッサリ
ア（現在のマルセイユ）の影響ですぐにヘレニズム化しました。

　ローマ時代では、紀元前129年に破
壊され、二段階に再建されました。そ
の後、帝政初期に帝国に併合され、ロー
ーマ法に従いました。多くの遺構が
遺っており、見学できます。寺院、聖
堂、浴場、キュベレ寺院やAntesの家
などの大きな遺構も幾つかあります。
考古物が豊富に発掘され、そのコレ
クションに彫像と日常品が多数ありま
す。このコレクションはサン・レミの
l'hôtel de Sade美術館に保存されていま
す。グラナムには、おそらくフランス
で唯一残存するローマ料理のレストラ
ン、タベルナ・ロマーナが在ります。

紀元前30年に建立された当時の現地ユリウス家
の霊廟　撮影　Yves Buffetaut

1　塩漬け肉の場合は、できるだけ長く水に浸ける。(甘塩の場合は1時間)
2　野菜を角切りにし、シチュー大鍋に材料を入れる。
3　洗ったスペルト小麦を加え、冷水で満たし、ガルムと胡椒も加える。
4　弱火で煮て、適宜、灰汁を取る。
5　スライスしたソーセージを調理時間に合わせて加え、必要に応じ
　　て、適宜、熱湯を足す。煮えたら、オリーヴオイルを滴加する。

これは肉料理のレシピですが、野菜だけでも作ることもできます。

グリーンアスパラガスと
リコッタチーズのパティナ

グリーンアスパラガスの料理。ローマ人は野性のアスパラガスを食べていたのですが、それは現在私たちが食べるアスパラガスによく似たものでした。

材料　　　6人分

グリーンアスパラガス	ひと束	玉葱微塵切り	½個
リコッタチーズ	100g	ほぐした卵	6個
ガルム	大さじ1	オイル	大さじ1
白ワイン	グラス1	ストローワイン	大さじ2
セロリの若枝(刻む)	数本	胡椒、セイヴォリー	

1 アスパラガスは皮を剥かずに固い部分を切り離し、よく洗い、半分に切る。湯に塩を加えて8分間茹で、水切りする。

2 セロリ、胡椒、セイヴォリー、ガルム、ワインと玉葱を混ぜてソースを作る。卵をほぐし、オリーヴオイルを加える。ケーキ型またはパティナ皿にオイルを塗って、水切りしたアスパラガスを並べる。ほぐした卵とソースをその上に注ぎ、賽の目切りリコッタチーズを加える。

3 二重鍋で湯煎にして200℃のオーブンで30分間焼く。食べる直前に刻んだコリアンダーを散らす。

ローマ時代のワイン

　ローマ時代のワインがどんな味だったかを想像するのは困難です。なぜなら、生産法と仕上げ法が現在とはかなり違っていたからです。ワインは飲み物（水で薄めて飲むことが多かった）だったばかりでなく、糖分が多いので調味料としても、また療法薬としても用いられました。医師は特定の疾患の治療に適したワインを処方することさえあったようです。葡萄の幹を肩の高さの支柱に結わえて栽培し、様々な種類の土や風味付けの材料が用いられたのですが、キャベツ、ラディッシュ、月桂樹の収穫物からは遠ざけられました。ローマ人は「葡萄の木には嗅覚があり、香りをやすやすと取り入れ、嫌う香りに触れると、拒絶して逃げ去る」と信じていました。

　当時のワインの製造工程は難しく、油断ならないものでした。発酵がうまく進まなければ、ワインは酢になってしまうので、ローマ人はこれを回避するために、葡萄を日光に当てるか、藁に置いて熟し切ってから使い、新鮮な果醪（醗酵前の果汁）、蜂蜜、梨やマルメロの果汁を加え、糖分を増やして醸造工程を楽にしました。その上、フェヌグリーク、アヤメ、スパイス類などの植物抽出物を用いて、風味を高めました。

© Mas des Tourelles

　ワインはピッチ（p.17）で防水処理されたアンフォラに保存し、藁で包んで保護しました。コルクか粘土製の栓を蝋、粘土または石膏で塞いで密閉し、空気を遮断して酸化を防ぎました。ワイン倉庫は屋根裏でしたが、そこを燻煙しながら温め、ワインを60℃の高温で保存しました。その後、中温の別の倉庫にワインを移し、早期発酵を促しました。

　ローマ人は市場であらゆる種類のワインを広い価格帯から買えました。兵士の飲み物であったポスカ（水で薄めた酢）から、共和政期と帝政期を通して最も求められた有名なファレルニアワイン*などの特に高価なワインまで「選り取り見取り」だったのです。料理に広く使われたデフリトゥム（defritum）やカレヌム（carenum）は、おそらく食事の際に飲むには甘過ぎたのでしょう。これらは煮詰めて果醪の量を減らしたのですが、デフリトゥムは半量に、カレヌムは1/3量に煮詰めて使われました。

* Falernian ワイン：ナポリ近郊の Massico 山で作られた古代ローマの最高級ワイン。大プリニウス、ウァッロ、マルクス・アウレリウス帝などが書物に記し、ペトロニウスの『トリマルキオの饗宴』にも登場する。

Green asparagus and ricotta patina

魚のソテー

　調理はとても簡単。玉葱を敷いて煮た魚はとても柔らかく
仕上がります。

材料　　　　　　4人分

魚のフィレ	4本
刻んだ玉葱	3個分
ガルム（魚醤／ニョクマム）	大さじ2
オリーヴオイル	大さじ2
酢	大さじ1
セイヴォリー	ひと摘み
タイムまたはバジル	ひと摘み
胡椒	

ローマ人と魚

　古代ローマ人は魚をこの上なく好み、紀元前 1 世紀には、海辺に住む裕福な市民が一年中新鮮な魚を食べられるように自分の別荘に海水の水槽を持っていました。

　帝政期には、海水はローマの貿易港オスティアからローマまで水道で運ぶことができたのです。魚は塩漬けにもされました。輸送にはアンフォラが使われ、大量の鮪を切り分けて海水に入れ、それをアンフォラに入れて輸送しました。

　遥か遠くの海岸からも運ばれて市場で買うことができた海産物は、輸送費が掛かるために帝政期では高価な食材とされ、その理由から主に裕福な上流階級の食卓に上りました。

　さばいた魚の残りは名高いガルムに使われましたが、豪華な食事の前菜だったアレック (p.17) の製造にも使われました。

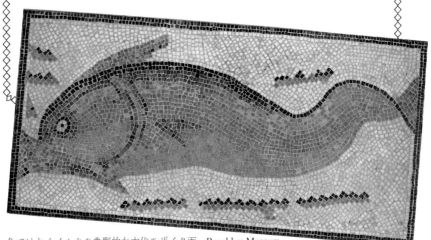

魚ではなくイルカの典型的な古代モザイク画　Brooklyn Museum
このモザイクやこれと同様に本書右ページの各コラムに掲載してあるモザイク画は6世紀の制作で、チュニジアで発見されたもの。ローマ時代のモザイク画手法を基本としている。

1 フライパンにオリーヴオイルを入れ、刻んだ玉葱を炒める。

2 魚のフィレを玉葱の上に置き、弱火で煮る。ガルムで塩味を付ける。

3 酢とドライハーブ、または生のバジルを加える。

Fried fish

鮪<ruby>鮪<rt>まぐろ</rt></ruby>のアピキウスソース添え

　アピキウスが考案したレシピで、胡椒やコリアンダーなどの好みの風味が使われています。

材料　　　　　1人分

鬢長鮪<ruby>鬢長<rt>びんなが</rt></ruby>の薄いスライス	半切れ
オリーヴオイル	大さじ1
エシャロット	

ソース材料

酢	大さじ1
蜂蜜	小さじ1
オリーヴオイル	小さじ1
挽き胡椒	
刻んだチャイブまたはコリアンダーの葉	
セイヴォリーまたはタイム	
刻んだ固茹で卵	1個分

ローマの市場での供給

　市場は常にローマ人の食餌にとって最も重要でした。その代表例は紀元100年から112年の間にダマスカス出身のアポロドルスによって建設されたトラヤヌス帝の市場です。この市場は現在は破損しているところもあり、完全な姿ではないものの、古代の謎のひとつです。半円形の5階建てで、インペリアル・フォーラム近くにあり、店舗(タベルナ)150店、倉庫、事務所が入っていて、ローマ人が果物、野菜、ハーブやスパイス類、ワインとオイルを買うことができました。魚の水槽は上層階に据えてあり、水道で引き込んだ海水で満たされていました。店舗の開店は早朝で、閉店は正午でした。店舗の中には、商品を描いたモザイク画で装飾した店もありました。

　また、この市場はローマ市民の配給所ともなっていました。貧困に喘ぐ市民に提供される穀物配給(annona)でしたが、反乱を回避し、血統貴族の安全を守るため共和政期に確立された制度でした。

1　鮪はオイルとエシャロットで8~10分間焼く。スライスの
　厚さによって焼く時間を加減する。
2　ソースの材料をすべて混ぜ合わせてソースを作る。
3　焼きあがった鮪にソースをかける。

典型的な半円形状のトラヤヌス市場
撮影 Yves Buffetaut

Tuna with Apicius' sauce

鯔のロースト 空豆添え

　　グリーンオイルが決めてのこのレシピには、鯔の代用に鱸も
使えます。

材料

生の空豆	1kg
鯔または鱸	1~2尾（ゲストの人数によって量を加減）
ガルム（魚醬／ニョクマム）	大さじ1
グリーンオイル（次ページ解説参照）	
玉葱、大蒜、タイム、セイヴォリー、マジョーラム	
胡椒	
オリーヴオイル	

グリーンオイル

　アピキウスのグリーンオイルは枝から積み採ったばかりの新鮮なグリーンオリーヴの実を醸造したもので、アキピウスが著書『*De re coquinaria*』に「この方法で積み採ったばかりの実を新鮮な状態で保存できる」と記しています。このオイルに保存する方法により、ローマ人は食用に繊細な風味のオイルを使うことができたのです。グリーンオイルは熟したオリーヴの実で製造されました。オリーヴの実の種類と産地の標高によって、色づき過程（véraison）が10月から2月の間に完了します。最も適したオリーヴの実の収穫法とは、今日も未だにガリア人が用いる方法です。ローマ人は、この風味豊かな食用オイルとは別にしてランプオイルに下等なオイルを使っていました。

1 空豆の薄皮を剥く。1cmより大きい豆は熱湯に30秒間浸けて、薄皮を剥き易くする。剥いた空豆を茹でる。小さな豆はそのまま茹でてから水気を切る。

2 鯔または鱸をオーブンの大きさに合う皿に乗せ、ガルムとグリーンオイル、胡椒とスパイス・ハーブ類を加える。オーブンに入れ、200℃で15分間調理する。

3 茹でた空豆を魚の周りにあしらい、オリーヴオイル大さじ1杯を散らしてかけ、熱いうちに食べる。ローマ時代の風味をさらに加えるなら、オイル、胡椒、玉葱とデーツを微塵切りして混ぜたソース（雲丹がある場合は潰して加える）を添える。魚料理には胡椒、ラヴェージ（セロリ）、ミント、デーツ、蜂蜜、酢、マスカットなどに甘口ワインとオリーヴオイルを混ぜたソースもある。

帝政期のモザイク画 Utica チュニジア
British Museum

スプリットピーと甲烏賊のインディアン

このレシピの「インディアン」は「インド風」という意味ではなく、甲烏賊の黒い食品染色剤indicum（セピア）を意味するようです*。スペインとポルトガルでは、烏賊墨で調理した甲烏賊のレシピが今でも使われています。

材料

スプリットピー**	300g
リークの緑色の部分	2本
コリアンダーの葉	3片
塩	小さじ2
小ぶりの甲烏賊	600g
オリーヴオイル	
玉葱	1個
大蒜	1片
白ワイン	半カップ

ソース材料

白ワイン	半カップ
胡椒	
キャラウェイシード	ひと掴み
オレガノ	
ガルム	大さじ1
セロリ	1束
蜂蜜	大さじ1
松の実	50g

＊『De re coquinaria』フランス語版の注釈者Jacques Andrèの解釈による。日本のラテン語辞書にはindicumにこの意味が記載されていない。Joseph Dommers Vehling訳の英語版『Cookery and Dining in Imperial Rome』では、料理名がPISAM INDICAMで、烏賊墨を使うために小さな甲烏賊を用意すると書かれている。

＊＊乾燥ひき割り豌豆

ローマ時代のタベルナ

　サンレミ・ド・プロヴァンスとアルルの間の地区にいるなら、ローマ時代のレストランの雰囲気を味わうことができます。ローマ時代の美食学を体現するMireille Chérubini氏が古代ローマ料理を楽しませてくれます。古代遺跡グラナムにあるChérubini氏のレストランでは繊細で美しい盛り付けを提供しています。

　当初は軽食バーを経営するために偶然にグラナムに到来したのですが、そのバーは徐々に正当なローマ料理のレストランになったのです。

　ローマ時代の料理書の著者は分量と調理時間を記すことがほとんどありませんでしたが、私たちと同様に Chérubini氏もアピキウスの料理本から発想を得て、レシピを真に解釈して料理しています。提供されるレシピは考古学者やラテン学教授に高く評価されています。

タベルナ・ロマーナ
www.taberna-romana.com
Glanum archaeological site,
avenue Van Gogh 13210
Saint-Rémy de Provence
0033 4 90 92 65 97
4月1日–9月30日オープン
栽培ハーブとスパイス販売

グラナムの凱旋門
アウグストゥス治世時に建立。上部は喪失　撮影 Yves Buffetaut

1　スプリットピーを冷水で洗い、豆の5倍容量の塩水を入れた鍋に入れる。リークとコリアンダーを凧糸で縛って束にしたローマのブーケガルニを加え、沸騰させる。

2　40分間煮て、湯を切る。フライパンにオイルを敷き、甲烏賊、賽の目切り玉葱と大蒜、刻んだリークを入れ、白ワイン半カップを加えて煮る。甲烏賊が柔らかくなったら取り出す。

3　煮汁に胡椒、微塵切りセロリ、オレガノとキャラウェイシード、白ワイン半カップを加えてソースを作る。必要に応じて水も加える。弱火で調理し、次に蜂蜜を加え、5分間沸騰させる。

4　水気を切った豆を皿に盛り、次に甲烏賊を乗せる。ソース、コリアンダー、松の実を烏賊と豆に振り掛ける。

Indian peas

ローストポーク 松の実ソース

　このレシピは茹でてからローストするダブルクッキング法なので、豚肉はとても柔らかくなります。

材料　　　6人分

凧糸で縛ったロースト用豚肉	1kg
リーク	2本
人参	1本
セロリ	1束
月桂樹の葉	
大蒜	1片
丁子を刺した玉葱	1個
タイム、塩胡椒	

ローマ人の嗜好

　ローマ人は雌豚の特殊な部分を豚肉より好んで食べました。乳首は繊細な食味と考えられていて、大プリニウスによれば、最も美味な乳首とは分娩の翌日に屠殺され、まだ授乳していない雌豚のものだということです。その反対に最も不味い乳首は、流産した雌豚のものだとしています。なぜ、それほど乳首がもてはやされたのでしょうか。ギリシア出身の医学者ガレノスは、「乳首は、乳汁を含んでいると甘味が強く美味しくなるから。これが食通なら誰でも、乳汁をたっぷり含んだ乳首を探し求めた決定的な理由だ」と説明しています。

ギリシアで発見された豚のレリーフ。古代人の多くが豚肉を好んだ。

大英博物館蔵
撮影　Yves Buffetaut

1　豚肉を野菜と一緒に冷水に入れ、塩(水1ℓ/10g)と胡椒を加える。沸騰させ、灰汁(あく)を取る。

2　次に80℃の低めの温度で沸騰させずに1時間茹でる。

3　茹で鍋から豚肉を取り出し、蜂蜜を塗る。タイム、胡椒、塩をひと摘み振り掛ける。

4　オーブン皿に入れ、水コップ1杯を加えて250℃の高温で10分間焼き色が付くまで焼く。豚肉を取り出した後のオーブン皿にコップ半杯の水を加えて煮溶かし、ソースにする。松の実の冷製ソース (p.8) を添えて供する。

ポーク・ターンオーヴァー

　　ハムの量はゲスト人数によって加減し、ハム全部を使ってもよく、少量のハムでも調理できます。いずれの場合も、下ごしらえや調理時間とペーストリーの量をハムの量に合わせて調整します。

材料

豚脛肉か肩肉ハムまたは薄塩のハム
茹で汁：人参２本、玉葱１個、リーク１本、塩胡椒、セイヴォリー、
　　　　月桂樹の葉
蜂蜜、胡椒
ペーストリー：

小麦粉	250g
塩	小さじ１
温湯	½ カップ
オリーヴオイル	½ カップ
ミルク	適量

肉の調理法

　肉を茹でてから焼くこの調理法はハムの調理にも用いられたもので、最終的にオーブンで肉が柔らかくなり、しかも焼き色が付きます。ローマ時代（1世紀）では、肉を「茹でてから炭火か薪で直火焼きする」のが主な調理法でした。「茹でる」調理法はおそらく最も一般的だったのですが、その理由は肉に適していて、しかも肉汁が出るので野菜の調理やスープに利用できることでした。多分、それは当時の肉は現代のものより硬かったという事実に由来するものでしょう。アピキウスのレシピにはラヴェージ（セロリ）、玉葱、胡椒、シルフィウムの樹液*、カレヌム（p.23）、蜂蜜、酢、オイル少々で作る「茹でた食材全般用のソース」があります。

自分を料理されるのに使われる材料に囲まれた野兎のモザイク画。材料は葡萄と蕪
Brooklyn Museum

*Cyrenaican laser (Silphium)：キレナイカ（リビア東部の地方名で紀元前7世紀にギリシア人が建設した都市キュレネに由来する）のシルフィウム

1 ハムを冷水に2時間浸けて下ごしらえする（肉塊が大きい場合は、さらに長時間浸ける）。次にハムを水で漱ぎ、水気を切る。鍋に入れ、新たに冷水を満たし、刻んだ野菜、月桂樹の葉、胡椒を加える。

2 鍋を沸騰させ、高温でハム 1 lb（リーブラ：327.45 g）に付き20分間茹で、茹で湯から取り出す。

3 皮を剥き、蜂蜜をハム表面に塗る。胡椒を振り、オーブンで10分間焼く。

4 その間にペーストリーを準備する。小麦粉、塩を混ぜ、温湯とオイルを加え、よく混ぜる。30分間ペーストリー生地を寝かせ、その後、生地を平らに伸ばし、ターンオーヴァーの形を作る。次に月桂樹の葉の形に生地を切り抜き、飾り用にする。生地にミルクを刷毛で塗り、オーブンで焼き色が付くようにする。220℃のオーブンで20分間焼く。

Pork turnover

パルティア風ラム

　パルティア人は現在のイランの北西部高原にあたるローマ帝国領土の境界地域に住んでいました。このレシピはその地域からローマにもたらされたものです。

材料

ラムレッグ　1本
（子羊骨付き腿肉）

プルーン　　250g

玉葱　　　　1個

大蒜　　　　1片
にんにく

胡椒

コモンルー （p.79）

タイム

セイヴォリー

　酢　　　　1/4 カップ

1 オーブンを予熱する。

2 肉に塩胡椒し、皿に入れ、玉葱、大蒜、ハーブも入れる。

3 ラムレッグを 1 lb（リーブラ：327.45ｇ）に付き20分間加熱する。

4 調理が終わる30分前にプルーンを加える。

5 調理後、肉を切り分ける前に水コップ1杯を回しかけてソースを作り、それに酢1/4カップも加える。

6 肉を切り分け、プルーンソースと肉汁を添える。

王政期と共和政期のローマ社会 （前5−後1世紀）

　この頃のローマ社会では、キケロの言葉によると「全てを決定したのは富裕者の投票であって、人民の意志は反映されていない」のでした。紀元前5世紀からの共和政期には、社会階級制度が富裕な程度によって構成され、多数派となった非市民層が少数派の市民層を取り巻いていました。市民権は特権でした。非市民には2種類あり、解放されていない奴隷（生まれながらの奴隷、勝利者に売られた戦争捕虜、市民権を剥奪された市民）と解放奴隷でした。

　自分の意志や判決によって奴隷を解放した主人は、解放奴隷（リベルトゥス）の保護者となり、解放奴隷は元主人の名を自分の姓や名前に続けて名乗り、身元確認としていました。このような解放奴隷は配偶者と住むことも、子供も持つこともでき、自営業を営み、息子が自由民になることができました。自由民の血統貴族（パトリキ）や平民（プレブス）は、父親が市民であれば誰でもローマ市民と見做されました。ローマ建国の部族の子孫である貴族の家族は、自治領を管理する「家長（家族内で最年長の男性）」を中心とし、固有の権利を所有する家族単位で構成されていました。家族には被護民（クリエンテス）がいました。時が経つに連れてその数が膨大に増えたのですが、彼らは小区域の土地所有者や破産して貴族の厚意にすがるより他がない農業従事者でした（共和政期には彼らは法的にはそこに留まらなくてよかった）。彼らはこの立場を個人的興味と関係なく受け入れたり、些細な仕事と引き換えにしたり、単に選挙時の政治的支持のために受け入れていました。（G. Hacquard 著 *Guide romain antique*)

　紀元前70年には45万人の市民がローマに居住しており、32万人が小麦の配給で生活していました。その他の多くの人が、幾人かに恵まれる施し（スポルトゥラ）を願っていました。（Jean Chvallier）

　かなりな非平等主義社会でしたが、それでも誰一人として放っておかれるわけではなく、奴隷は毎日2ポンドの穀物をパンや粥の形で配給され、作業の出来高によって魚、オリーヴの実、オイルやワインも配給されました。（*Guide romain antique*)

Lillebonneの美しいモザイク画からガリアの裕福なローマ人の暮らしぶりが偲ばれる。

家鴨の蒸し煮 無花果添え

（いちじく）

　この家禽料理には煮て潰した小麦かレンズ豆を添えます。

材料　　　　　　4人分

ホロホロ鳥	1~2羽
干し無花果	200g
松の実	100g
玉葱	2個
エシャロット	1本
林檎	1個
デフリトゥム*	1カップ　（ポートワインかマルサラ酒で代用）
胡椒、クミン、コリアンダー	＊ 葡萄汁を煮詰めて半量にしたワイン

1　オイルを熱し、ホロホロ鳥を入れて焼き色を付ける。微塵切り玉葱とエシャロットを加え、無花果と賽の目切りの林檎も加える。

2　煮詰めたワイン1カップと水2カップに浸す。クミンシード、胡椒、コリアンダー、松の実を加え、弱火で1時間調理する。適宜、水を加える。

3　ホロホロ鳥を切り分け、水半カップを加えてソースを作り、一人前ずつ温めて供する。

食事の支度

　　竈はアトリウムの隅にありました。四角形で下部にはアーチ形天井のある空間があり、そこは石炭や薪の燃料を入れます。鍋やフライパンは五徳や焼き網の上に乗せ、レンガ製の竈の上部に置きました。とろ火で煮る、網焼きする、素早く揚げるなどの調理法によって、五徳や焼き網の高さと使う調理器具が変わります。玉杓子、穴杓子、鍋、フライパンなどの調理器具は竈の傍にかけてありました。竈は持ち運び用コンロ（clibanus）としても使われ、青銅か土器の蓋付き鍋に食材を入れ、燃えさしの上に置いて調理しました。

　　この種の調理器具にパティナ（patina または patella）と呼ばれる丸い浅鍋があり、オーブンで調理する料理に使われました。このパティナという名称は、アキピウスの塩味と甘味のレシピ両方で頻繁に登場しています。魚や動物を象ったパティナ皿が多く使われました。この象りパティナ皿を使うと、盛り付けが幻想的な雰囲気になったことでしょう。

　　ローマ時代の調理器具には、材料を擂り潰してソースにするための様々な大きさの乳鉢や擂粉木、ナイフセットもあります。しかし、食事中に使われた器具と言えば、スプーンだけです。ナイフは調理にのみ使われたので、ローマ人は指で食事していたと考えるのが妥当です。

フライパンをもたらしたのはエトルリア人。
柄に象ってあるのは香水瓶を片手に持った若い女性。

ローマ時代のキッチンの再現展示
ロンドン博物館　無断複写・転載を禁ず

フロント氏のチキン

　この料理が捧げられたフロント氏についてはなにも分かっていません。農場について本を書いた人かもしれません。それは兎も角として、この簡単で美味しいレシピを楽しみましょう。

材料

放し飼いの鶏　　　　　1羽
オリーヴオイル
ガルム　　　　　　　　大さじ3
リーク1本と生のコリアンダーと生(乾燥)ディルで作ったハーブ束
セイヴォリー
胡椒
デフリトゥム*　　　　1/4カップ(ポートワインまたはマルサラ酒で代用)

　　*葡萄汁を煮詰めて半量にしたワイン

非常識なテーブルマナー

　ナプキンはドミティアス帝の時代（在位81-96年）に使われ始めました。当初は晩餐で手指を拭うためにパンが使われていたのですが、それがナプキンに代わりました。(Hacquard, Dautry and Maisani, *Guide romain antique.* Paris, Hachette 1975)

　各料理が出される合間には、指を洗うための芳香水が美麗な装飾の器で提供されました。土器製ポットも嘔吐したい人に運ばれ、嘔吐して胃を空にしてから食べ続けられるようにしたのですが、こんな不快な習慣なのに当時は問題がなかったのです。

1 鶏肉の全面に焼き色が付くまでオリーヴオイルで焼く。
2 ガルムで味付けし、ハーブ束とセイヴォリーを入れる。
3 水コップ1杯を加え、弱火で煮る。
4 最後に煮詰めたワインを回しかけ、胡椒を振り掛ける。

乳鉢で下ごしらえをしながら
涙を流す料理人
1-2世紀　エジプト出土
土器製小像
大英博物館蔵
撮影　Antoine Buffetaut

Fronto's chicken

茹でローストチキン

　　ローマ時代の料理では、肉を柔らかくするために最初に茹でてからローストしていました。このレシピはその代表例です。

材料

放し飼いの鶏　　　　　　　1羽
ローマのブーケガルニ（コリアンダーとリークの青い部分を結わえる）
入り茹で汁
月桂樹の葉と人参（好みで加える）
塩胡椒

ソース材料

生のディル
蜂蜜　　　　　　　　　大さじ2~3
ガルム（魚醤／ニョクマム）
胡椒

家禽

　ローマ人は様々な種類の家禽料理を楽しみました。鳩、小雉鳩、森鳩（ヨーロッパに通常みられる鳩）、鶴、鴨、鶏、さらには孔雀、雉、頭青頬白(ずあおほおじろ)や駝鳥もです。この中には飼育されていたものもあり、また、頭青頬白、山鷸(やましぎ)、山鶉(やまうずら)、雉のように狩りの獲物もありました。

　通常の調理法は、最初に茹で、次にオーブンで焼く方法でした。ローマ人が好んだのは肥えた家禽でした。

　贅沢規制法が制定されたほど家禽が乱用され、晩餐一回に付き、鶏は一羽と定められました。しかし、ローマ人はそれに屈しませんでした。すぐにこの規制法は別の方法で回避されてしまったのです。鶏以外の家禽に、イチジクやミルクに浸した餌を与え、丸々と肥えてから調理しました。

美しい鶏のモザイク画 チュニジア　　Brooklyn Museum

1 ハーブ入り茹で汁で鶏を茹でる。

2 鶏を取り出し、水気を切る。蜂蜜、刻んだディルとガルムを混ぜて表面に塗る。

3 200℃のオーブンで15分間焼く。その間、蜂蜜が焦げやすいので注意する。

4 焼き終えたら、水半カップをかけてソースを作り、胡椒を加える。鶏を切り分け、ソースを添える。

Boiled and roasted chicken

鴨とパースニップと
自家製野菜の煮込み

　パースニップ（砂糖人参、白人参、アメリカ防風）は「忘れられた野菜」のひ
とつで、再発見されており、簡単に見つけられます（ヨーロッパ）。

材料

鴨の骨付き腿	6 本
人参	4 本
パースニップ	3~4 本
蕪	4 個
リークの緑色の部分を入れたブーケガルニ	
セロリ束	2 本
タイムとコリアンダーの葉	数枚
玉葱	1 個
大蒜	2 片
塩、胡椒、セイヴォリー	

ローマ人の家

　王政期の時代には、家は矩形に建てられていました。入口から最初の部屋はアトリウムと呼ばれる広く四角い中庭の空間で、四角いプール impluvium があり、雨水をプールに貯めるためのスロープ型屋根が建物に備わっていました。アトリウムは様々な大きさのスペースに区切られていました。その一つは台所でしたが、煙突がなかったので黒煙がこびり付いています。他にはダイニングルーム、寝室、家族の祭壇が備わった聖域がありました。

　共和政期になると、裕福なローマ人の家に新しいスペースが出来ました。その新しいスペースとは矩形の柱廊で、屋内中庭の一種であり、装飾や彫刻が施された柱に支えられていました。寝室が柱廊の外側にあり、2階がある家や庭付きの家も登場しました。

　それほど裕福ではない階層の人は、集合住宅に住みました。そのような集合住宅は窓ガラスの無い窓とバルコニーから採光していました。アトリウムも暖炉もなく、料理は火鉢でしていました。このような集合住宅は7階建てまであったようで、高さは20mにも及びました。帝政期にはインスラと呼ばれたこの集合住宅は帝国領土内の大都市で多数建設され、その近代的な様相が発掘された壁画の残遺部から証明されています。最下層の住民は、飲み物とそのまま食べられる温かい料理を販売する店 thermopolium（ファーストフードのスタンド）で買っていました。買ったものはソーセージとひよこ豆だったかもしれません。一般的な昼食 prandium は、パンやシリアルにチーズと果物だったと考えられています。

ポンペイの thermopolium。イートインやテイクアウトができるファーストフード・スタンドの一種
撮影 Bernard Lepretre

1　鴨の腿を火にあぶってきれいにし、オイルで狐色になるまで5分間焼く。

2　水2ℓを鍋に注ぎ、沸騰させる。次に塩胡椒とセイヴォリーを加える。沸騰したら、鴨の腿と皮を剥いて切った野菜を加える。適宜、灰汁を取りながら、1時間ほど煮込む。出来上ったら、白ワインのソース（p.47）を添える。

バス・ノルマンディーのVieux-la-Romaine
にある広大なガリア-ローマ式
別荘立体図。列柱廊のある別荘
Museum of Vieux-la-Romaine

豆のウィテッリウス風

　この豆料理の名は、政治手腕より大食であったことの方が有名なローマ皇帝、ウィテッリウスに因んだものです。短い治世は悲劇的な結末を迎えました。

材料

乾燥空豆200g／皮を剥いた冷凍空豆	450g
または皮を剥いた生の空豆	1kg
胡椒	
セロリの枝	数本
生姜	
固茹で卵	2個
ガルム（魚醤／ニョクマム）	大さじ2
白ワイン	グラス1
蜂蜜	小さじ1
オリーヴオイル	大さじ2

空豆はかなり古くからある食物で、青銅器時代から栽培されており、ローマ時代には基本的な食品のひとつでした。

スープ、ピュレ、タンバル（鳥肉・魚・野菜とソースをタンバル型で焼いた料理）に調理したり、春と夏には生で食べたりしました。当時は、肉類は希少で高価でしたので、豆類は良質で安価な植物性蛋白質の代表でした。豆類はスープ製品やスキンケア製品にも使われました。ヨーロッパでは6月から7月にかけて収穫され、ローマの穀物倉となっていた北アフリカではそれより少し早い時期に収穫されました。

乾燥豆を使う場合（生の豆より時間がかかる）

　1 最初に空豆をたっぷりの冷水に12時間漬ける。

　2 次に空豆を剥き、剥いた皮は捨てる。

　3 剥いた豆を鍋に入れ、豆の2倍量の冷水を注いで30分間茹でる。

生の空豆の場合

　1 莢から取り出し、皮を剥く。沸騰した湯に30秒間漬けると、この作業がしやすくなる。

　2 湯に塩を加え、10分間茹でる。冷凍空豆の場合も同様に茹でる。

ソースの作り方

固茹で卵をフォークで潰し、生姜も潰す（擂り下ろす）。セロリの枝、生姜、胡椒、ガルム、白ワイングラス1杯と蜂蜜を加える。3分間火にかけ、調理した空豆にソースをかける。

ソースにはクミンやタイム風味のものもあります。豆類は豚肉や家禽料理の付け合わせにぴったりです。

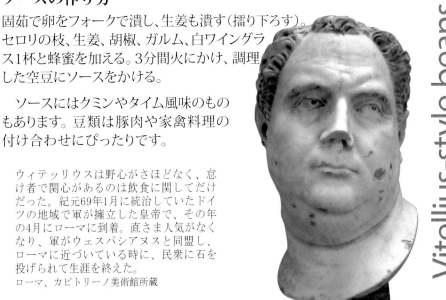

ウィテッリウスは野心がさほどなく、怠け者で関心があるのは飲食に関してだけだった。紀元69年1月に統治していたドイツの地域で軍が擁立した皇帝で、その年の4月にローマに到着。直さま人気がなくなり、軍がウェスパシアヌスと同盟し、ローマに近づいている時に、民衆に石を投げられて生涯を終えた。
ローマ、カピトリーノ美術館所蔵

Vitellius-style beans

人参のクミン風味

材料

人参1kg
塩

ソース材料

カレヌム（スイートワイン）	大さじ2
胡椒	
セロリ、刻みパセリ、刻んだミントの葉	
クミン	大さじ2
蜂蜜、酢、ガルム（魚醤／ニョクマム）	各大さじ1
オリーヴオイル	大さじ3
シナモン／Malobathrum	小さじ1

（古典・中世の文書に登場するシナモンに似た植物）

1 人参を煮る間にソースの材料を混ぜ合わせてソースを作る。
2 人参が柔らかくなったら、湯を切ってソースを加え、弱火で数分間温める。

常備ソースとドレッシング用の基本スパイスリスト

スパイス：サフラン、胡椒、生姜、シルフィウムの幹と根の樹液 (p.77)、甘松の葉、銀梅花の実、コスタス（ショウガ目の植物）、丁子（クローブ）、インド甘松、カルダモン、甘松（スパイクナード p.75）

シード：芥子の種、コモンルーの種、コモンルーの実、月桂樹の葉、ディル、セロリ、フェンネル、クミン、ロケット、コリアンダー (p.76)、アニス、パセリ (p.75)、キャラウェイ、胡麻の種

ドライフーズ：シルフィウムの根 (p.77)、ミント、カラミント、セージ、イトスギ、オレガノ、杜松（ネズ）、玉葱、タイム・ベリー、コリアンダー、夏白菊（フィーバーフュー）、蜜柑の葉、パースニップ（アメリカ防風）、エシャロット（イスラエルの古代遺跡アスカロン産の玉葱）、藺草の根、ディル、目草薄荷 (p.78)、食用蚊帳釣、セージ、大蒜、乾燥野菜、マジョーラム、大車、シルフィウム (p.77)

リキュール：蜂蜜、デフリトゥム（煮詰めて半量になったワイン）、カレヌム（煮詰めて 1/3 量になったワイン）、胡椒風味のワイン、ストローワイン（干し葡萄から造るワイン、白ポートワインでも可）

ナッツ：胡桃、松の実、アーモンド、ヘーゼルナッツ

（ハーブ索引とワインの解説参照）

アピキウス著『*De re coquinaria*』J. André 訳

ローマ時代のガリアでは塩は海水から作られた。カルバドス Vieux-la-Romaine の考古学的再現
撮影 Yves Buffetaut

ブロッコリのパティナ

　パティナ（パイ皿料理）には様々な種類があり、ブロッコリの
パティナもそのひとつで、ベジタリアン向けのレシピです。

材料

ブロッコリ	500g
卵	6個
ガルム（魚醤／ニョクマム）	大さじ3
オリーヴオイル	
胡椒	
生のコリアンダーまたはパセリ	

パティナとは？

　パティナはローマ時代には一般的な料理でした。円形のパイ皿の一種で、そのパイ皿の名称が料理名になりました。調理法は卵をかけて濃厚にし、オーブンで焼いたようです。

　パティナは肉料理に添えられたベジタリアン料理であり、また、ドライフルーツや生のフルーツで作った甘いデザートとしても食べられました。

　当時はほとんどの台所器具が土器だったので、壊れ易く、そのため安価でした。青銅や銅の金属製パティナもありましたが、青銅や銅は酸化しやすく、毒性となることもあったので、金属皿の多くは銀でコーティングされました。

　鍋はスープを作ったり、肉を茹でたりするのに使われました。大鍋は直接燃えさしにかざして、シチューや肉を煮込むのに用いました。フライパンは様々な大きさのものが遺跡から出土しており、鉄や青銅製でしたが、今日私たちが使うものとほとんど同じです。

ローマ時代の美しいブロンズ製水切り
リヨン美術館
撮影 Yves Buffetaut

1 ブロッコリを小さく切り、よく洗ってから6分間茹でる。

2 卵は割り入れ、オムレツを作るようにほぐす。

3 ガルムと胡椒を加え、オリーヴオイルを引いた皿にブロッコリを入れ、卵液を注ぎ入れる。

4 二重鍋かオーブン皿に入れ、200℃のオーブンで30分間湯煎しながら蒸し焼きする。

5 焼き上がったパティナに刻んだコリアンダーやパセリを飾る。

Broccoli patina

レンズ豆と胡桃（くるみ）

材料　　　　　4人分

赤レンズ豆　　　300g
重曹　　　　　　小さじ1
栗　　　　　　　500g
セロリ適量

ソース材料

胡椒
クミン　　　　　　　　　　　　　小さじ1
コリアンダーシード　　　　　　　小さじ1
刻んだミント／目草薄荷（めぐさはっか）の葉　　3枚
ガルム（魚醤／ニョクマム）　　　大さじ1
蜂蜜（液状）　　　　　　　　　　大さじ1
オリーヴオイル　　　　　　　　　大さじ2
刻んだコリアンダーまたはパセリ
ディル、シルフィウムの幹や根の樹液：本書巻末の「ハーブの索引」参照

古代の野菜

　栗は冬の果実で、冬季には砂や土器の中に保存されていました。レンズ豆は基本的な食物であり、ひよこ豆、空豆や乾燥豆などの他の豆類と同様にミネラルや植物性蛋白質が豊富で、しかも安価です。ローマ時代より前の先史時代からずっと栽培されています。亜麻（亜麻仁）などのその他のたね類については、ローマ時代の農学者コルメッラが料理に用いることを記載しています。また、大麻のスープは珍しく、その上、需要の多い料理だったことが解っていますが、味のせいであるばかりか、おそらく特殊な作用のせいもあ

ったでしょう。しかし、大麻には様々な種類があるので、料理にどれが使われたかは現代の私たちには不明です。

果物は野菜より
多くモザイク画に描写された。このポンペイの画のようにフレスコ画にも描かれた。

1 レンズ豆を鍋に入れ、3倍量の水と重曹を加える。

2 弱火で8分間煮て、豆を引き上げる。その合間に栗を準備する。生の栗を使う場合は、皮にナイフで切れ目を入れた栗を皿に入れ、水大さじ4杯を加えてオーブンに入れる。殻と薄皮をすぐさま剥いて捨てる。セロリ入り出汁に入れて30分間弱火で煮込む。

　若干、ローマ料理風ではなくなるけれど、現在では下ごしらえ済みの真空パックや缶詰の栗を買って使う方が便利。

3 栗を煮こぼし、レンズ豆と共に皿に入れ、中火のオーブンでゆっくり調理する。ソース材料でソースを作り、食卓に出す直前にソースをかけ、パセリか刻んだコリアンダーで飾る。

　アピキウスは赤いレンズ豆と栗の組み合わせは彩がよいとし、「何か足りないと感じたら、それを足しなさい」と懸命なアドバイスで締め括っています。

豆のタンバル*焼き

とても簡単で、その上、古代のままのレシピ。この料理は読者にはきっと初めての味でしょう。

*タンバルとは、鳥肉・魚・野菜とソースをタンバル型で焼いた料理。その型をも指す。

材料

薄切りベーコン	15枚
スプリットピー**	500g
ソーセージ	500g
鶏／ターキーの胸肉	250g
タイム、月桂樹の葉	
葱の白い部分(刻む)	
玉葱	
ガルム (魚醤／ニョクマム)	大さじ3
生姜	
胡椒	
オリーヴオイル	

**乾燥ひき割り豌豆

Lugdunum (リヨン)
撮影 Yves Buffetaut

トリクリニウム Triclinium

　トリクリニウムはダイニングルームで、床モザイクと壁画で装飾された上流階層の儀式用の部屋でした。この用語は3台の大きな寝椅子をも意味します。浴場（テルメ）から戻る4時頃に長寝椅子で晩餐が供されました。3台の長寝椅子はテーブルを取り囲んでU字型に置かれました。U字型の解放部は料理を運ぶ通路で、1台の寝椅子には3名が着席できたので、総計で3~9名のゲストが左脇を下にし、肘をクッションに付いて寝そべりました。席順は仕来りに従い、上座はU字型の奥の寝椅子（lectus medius）の右側の席でした。ゲ

ストは白いチュニック（トゥニカ tunica）を着て、ベルトや結び紐は危険と見做されて着けず、靴を脱ぎ、指輪も外しました。晩餐前とその合間には手指を洗いました。ゲスト席の位置と料理を楽しむ程度によってメニューが変わり、上座のゲストはロブスターと比賣知（ひめじ）を楽しみ、テーブル端のゲストは骨だらけの魚で満足していました。子供たちはベッドの前に座り、男性と一緒に晩餐に出席することを許可された女性は通常はベンチに座りましたが、この違いは後に解消されました。

　共和政期には慎ましかった宴会が、帝政期になると豪華になり、社会的成功のシンボルとなりました。ゲスト数や食事にかける法外な経費などを制限する共和政期に制定された贅沢規制法の多くが忘れ去られました。ローマ社会の中でオルギア（ディオニソスの秘儀）が徐々に催されるようになり、宴会の目的ができるだけ多く食べ、飲むことになりました。「ローマ人は食べては吐き、食べるために吐いた」とセネカ（紀元前4年-紀元65年）が書き遺しています。

1 スプリットピーを冷水の中で洗い、次に3ℓの冷塩水にタイムと月桂樹の葉を入れて30分間茹でる。

2 その間に細切り鶏肉を少量のオリーヴオイルとガルムで炒め、刻んだ長葱と玉葱を加えて5分間炒め、取り置く。ソーセージをフライパンで10分間焼く。アピキウスのレシピでは、中身をひっくり返して出せるオーブン用鍋を使う。オーブン用鍋にオイルを引き、ベーコンを敷き詰める。次に煮たスプリットピーを並べ、ぴったり押し付け、タイムと松の実を散らす。炒めた鶏肉、長葱と玉葱を加え、胡椒と生姜を散らし、その上にスプリットピーとソーセージの2層目を作る。タイムを散らし、スプリットピーを並べて最上層を作る。

3 200℃のオーブンで30分間焼く。焼きあがったタンバルにスパイシーなソースを添えて供する。

オリジナルのレシピでは、オーブン用鍋に豚の大網を敷き詰めました。

Timbale of peas

梨のシロップ煮

　アピキウスの典型的なデザートで、胡椒を少々加えて、ピリッとした味に仕立てています。

材料

西洋梨（ウィリアムズ）	4~6個	挽き胡椒	小さじ½
蜂蜜	半カップ	スターアニス	1個
水	300mℓ弱		
種を除いたデーツ	8個		

1 容器に蜂蜜と水、アニスを入れて沸騰させないように温める。

2 梨は皮を剥き、芯は残しておく。

3 梨を立てて置き、切ったデーツを入れる。

4 容器に蓋をして、20分間茹でる。皿に盛り付け、出来たシロップを注ぐ。冷やして供する。

ローマの食卓

　金、銀、青銅製の食器に貴金属が使われました。時にはそう言った貴重な食器が単独で出土しますが、重要な宝物が意図的に埋められたり、偶然に埋没したりしました。ポンペイのMenanderの家、ドイツのHildesheim宝物、ボスコレアーレのピサネッラ荘はすべてアウグストゥス帝の時代に遡ります。出土した器に施された様々な装飾がローマ帝国の芸術を現代に伝えています。装飾は葉の文様、神話やディオニソス的な場面、帝国の生活場面や別荘の持ち主の肖像などです。金属食器の装飾は打ち出し技法で制作され、時にはエナメルの象嵌細工が入っていたり、レリーフ装飾だったりもしました。

　最初の署名入り陶器は terra sigillata と呼ばれ、紀元前 1 世紀の前半にイタリアのアレッツォとポッツオリ (ナポリの北部) に現れ、それがガリア地方とローマ帝国全土に広まりました。この技法の登場で、誰もが手頃な価格で陶製食器を買えるようになりました。「sealed」という用語は「sigillum (印)」というラテン語に由来していて、陶器職人が制作物に型押し器で装飾し、署名したのでその名になりました。この署名のおかげで、今日、考古学者が発掘調査で出土物を特定し、年代確定できるわけです。陶器の型はろくろで制作され、押し型で装飾され、商標も付けたのでしょう。焼成して型を完成させ、その型に粘土を押し付けて器を成型しました。この技法では、成型した器にレリーフ文様が付きました。流し込み成型法や丸のみで彫り込んだレリーフ装飾 (粘土にカッターの印が付いているのでこの技法が使われたことが判る) などの技法も用いられました。次に成型した粘土の器を、シリカ含有土の細粒混合物の混濁液「スリップウエア」に漬け、空気を流通させた炉で酸化焼成し、スリップウエアを赤やオレンジ色の被膜にしてガラス化させましたが、この技法で製造した陶器は極めて高品質でした。

　大量生産は紀元前 1 世紀に始まりました。陶器焼成炉には、3 万個の壺や器を一度に焼成できるほど大型のものもありました。焼成は 1050℃で 3~5 日間かけて行いました。失敗することも珍しくなく、割れた器や焼成に失敗して融合した器の大きな山を考古学者が発見しています。ローマ市の南にあるテスタッチョ「陶器片の丘」は高さ 30m あり、そのほとんどが輸入品を運んできたアンフォラの破片で出来ています。7 つの有名な丘があるローマの 8 番目の丘とも呼ばれています。

二重の頭部を象った土器製壺 3世紀末
ルーヴル美術館蔵 撮影 Yves Buffetaut

入浴後のデザート

このデザートはテルメで入浴した後に食べたのでしょう。
Apothermumは文字通りに「入浴後」を意味します。

材料

松の実	適量
皮を剥いた（擂り潰した）アーモンド	250g
水	570(~600)ml
中粒セモリナ	120g
レーズン	ひと掴み
ガルム（魚醤／ニョクマム）	大さじ1
胡椒	小さじ½
蜂蜜	大さじ3
パッスムPassum（レーズンワイン）	グラス半杯
白ポートワインで代用	

ストローワイン

　アピキウスのレシピにはしばしばストローワインが登場します。ストローワインは貴重な甘口ワインで、最上級の葡萄を選りすぐり、藁の上に寝かせ、日光に6~12週間当てて葡萄の糖分を増やす製法で製造されるので、こう呼ばれています。仕上がったワインはよく熟成され、水や蜂蜜、大麦と混ぜたりもできました。

　高級ワインとされるタソス島産*ワインはギリシアから到来し、紀元前5世紀から古代全期を通して古代の世界全土で販売されていました。現在は製造過程が改善され、ローマ時代と同様に有機藁を使用することになっています。このワインは糖分が多いため、製造と圧搾の技法はこれ以前のワインとは異なります。オーク樽に3年以上熟成させてから、瓶詰されることもあります。フランスのローヌ渓谷とジュラ**やコレーズ***では未だにこの技法で製造されています。食前酒として推奨されており、フォアグラやチーズ、デザートにぴったりです。価格を考慮すると、私たちのレシピでは白ポートワインで代用することができます。

*Thasianワイン：エーゲ海北部ギリシア領　Thasos島産ワイン
**Juraジュラ：フランス東部ジュラ山脈地方
***Corrèzeコレーズ：フランス中部の地方

紀元前3世紀のワインカラフェ
大英博物館蔵
撮影 Antoine Buffetaut

1 最初にアーモンドミルクを作る。アーモンドを砕き、モスリン(キャラコ)布で包む。沸騰直前の熱湯に砕いたアーモンドを入れ、10分間熱し、火を消す。アーモンドの包みを取り出し、よく搾る。アーモンドミルクが600㎖出来上がる。

2 アーモンドミルクを準備する合間に、レーズンを湯に5分間漬ける。600㎖のアーモンドミルクにセモリナ全量を漬ける。弱火にかけ、木杓子でかき混ぜる。ミルクを掻き混ぜながらガルム、蜂蜜、胡椒、レーズンを加え、ポートワインも加える。5分間煮て火を止める。

3 ラムカン皿(蓋なし耐火皿)に注ぎ、室温で冷やし、松の実を散らして供する。

　味付けに胡椒とガルムを使うのは驚きですが、その風味はセモリナとアーモンドミルクに合います。砕いたアーモンドが余ったら、残りはペーストリーやケーキに使えます。

Apothermum

デーツの詰め物

　アピキウスはホームメード・デザートを幾つか書き遺しています。その中のひとつです。

材料

デーツ	200g
松の実	100g
ナッツ	100g
胡椒	適宜
結晶蜂蜜	大さじ3

1 デーツの種を取り出す。ナッツと松の実は乳鉢で擂り潰す。

2 潰したナッツを結晶蜂蜜大さじ2と混ぜ合わせ、捏ねる。蜂蜜とナッツのフィリングをデーツに詰める。

3 結晶蜂蜜大さじ1を弱火で温め、デーツの詰め物に回しかける。

サトゥルナリア祭
（古代ローマの謝肉祭）

　デーツはシリアや北アフリカから輸入されていました。デーツの種類の中で最も珍重されたのはdactilus（椰子実）とcaryota（棗椰子）でした。アピキウスは、生のcaryotaデーツは脂質に富み、柔らかいと記しています。

　古代ローマでは12月後半にサトゥルナリア祭（古代ローマの謝肉祭）が催されましたが、これはサタンを祝する冬至の宗教的祝祭が、12月後半に開催されたものです。この祝祭では社会的階級は廃止されたので、一家の主が召使に奉仕しなければならない風習でした。台所用品や食品などのちょっとしたギフトが贈られました。デーツは最も喜ばれるギフトでした。

　このレシピのようにデーツにアーモンド、松の実や他のナッツ類を詰め、デーツ1個毎にコインを表に飾りました。蜂蜜で甘く味付けしたドライフルーツ、ナッツ、アーモンド、ヘーゼルナッツ、松の実も美味とされました。

サトゥルナリア祭の期間は、家の主が召使に
奉仕する風習だった。
ルーヴル美術館蔵　撮影　Yves Buffetaut

　アピキウスは味が完璧になるようにと、他のレシピと同様にこれにも胡椒を加えました。胡椒を加えるのはオプションで、特に子供たちに食べさせる場合には考慮が必要です。

凝乳と蜂蜜のフルーツ風味

簡単に作れる地中海本場のレシピ。ローマ人好みのスパイスだった胡椒はオプショナルで、使う際の量もお好み次第です。

材料　　　　　4人分

リコッタまたはブルースチーズ*	ひと鍋分
蜂蜜（液状）	大さじ2
胡椒ミックス、アーモンドまたは松の実	

　* brousse 山羊乳で作った低脂肪の柔らかいチーズ

1 ボウルにチーズと蜂蜜、挽き胡椒を混ぜ合わせ、皿に盛る。

2 アーモンドや松の実を添える。ベリー類、梨、葡萄などの季節のフルーツを添える。

ローマ時代の容量単位

　ローマ時代の計量単位は12進法に基づいていました。

Sextariusは、基本単位であったquadrantal（アンフォラ1壺の容量）の1/48

culleus	約527.0ℓ (20 quadrantal)
setier	150.0ℓ（フランスの単位）
quadrantalは基本単位	26.36ℓ=アンフォラ
modiusは慣習的単位	8.78ℓ
congius	3.28ℓ（quadrantalの1/8）
sextarius	0.54ℓ（quadrantalの1/48）
heminaは乾物の慣習的単位	0.27ℓ（modiusの1/32）
calix	グラス1杯
cyathus	0.045ℓ（sextariusの1/12）

　この単位によると、シチューのレシピで肉に加えたガルムcyathus1杯とはガルム45mℓになります。ローマ時代のレシピで唯一問題となる点は、ガルム以外の材料の分量が殆どの場合で記載されていないことです。

長い柄付きのボウル（柄杓）。エトルリア期
大英博物館蔵　撮影 Antoine Buffetaut

壺と容器コレクション　Museum of Vieux-la-Romaine
撮影 Yves Buffetaut

Fresh curds with honey and fruits

ナッツのパティナ

　有名なクレムブリュレはこのパティナを元にして生まれたデザートかもしれません。アピキウスのレシピでは、いつものように胡椒とガルムで風味付けします。

材料　　　　4人分

卵	4個	ミルク	500ml
松の実	125g	砕いたナッツ	100g
蜂蜜	大さじ2		
ガルム（魚醤／ニョクマム）	小さじ1		
胡椒			

1 ミルクを弱火で温める。ナッツ類と松の実は砕く。

2 卵は割りほぐし、ミルクと砕いたナッツを加える。蜂蜜、ガルム、胡椒も加える。オーブン用皿に注ぎ、湯煎にかけて200℃で20分間蒸し焼きする。

古代ローマの蜂蜜

　蜂蜜は2500万年ほど前に蜂と共に登場しました。甘い味だけでなく、医学的特性もあるので好まれました。蜂蜜は霊薬*(毒消し)の成分であり、成文化された処方箋によれば、蜂蜜とグルナッシュ・ワイン**にパウダーを混ぜて霊薬パウダーを製造しました。最初にこれを記載したのは、ネロ帝侍医であったアンドロマクスです。この霊薬は解毒剤として用いられましたが、鎮痛薬としても効果を発揮しました。蜂蜜の表面に麻薬パウダーを少量加えたからです。蜂蜜には創傷や潰瘍を治癒させる効果もあり、肌を整える効果もあります。エジプトでは、遺体の防腐処置にも使われました。

　料理の分野では、アピキウスは「塩を使わずに肉を新鮮に保存するために使う。好みで肉表面を蜂蜜で覆って風味を付けるが、その際、容器を逆さにする。この方法では冬季の方が夏季より肉を長く新鮮に保存できる。調理済みの肉も同様に保存できる」と記しています。蜂蜜はフルーツの保存にも利用でき、生の無花果、プルーン、梨、チェリーを日光に当てて乾燥させた後に使われました。酢と混ぜると、蕪や野菜全般を保存でき、トリュフさえも保存できました。

　様々な種類の蜂蜜の中でも、とりわけ「ナルボンヌの蜂蜜」と呼ばれたローズマリーの蜂蜜はローマ人が最良とした品種です。大プリニ

ウスは「10世紀もの間、ローマ人は医師なしでやって来た」と記述しています。ローマ人は強欲で知られていたにしても、おそらく、そのような良い健康状態というものは蜂蜜の恩恵がもたらしたに違いありません。

*theriacaテリアカ
　ローマ時代から用いられ、中世、アラビアの霊薬として蛇毒などの毒消しに使用された。
**スペイン北部アラゴン州由来の赤ワイン。現在ではフランス南部で製造される。

「オリーヴ園での祈り」アンドレア・マンテーニャ作
キリストと眠る使徒の左側にローマ時代に使われたのと
同様の蜂の巣箱が2基描かれている。ルーヴル美術館蔵

Patina with nuts

プラムの蜂蜜漬け

蜂蜜と胡椒風味のレシピ

材料

プラム	500g	蜂蜜（液状）	100g
ミントの生葉	ひと枝	胡椒	ひと摘み

1 プラムを洗って種を取り、縦に切る。

2 蜂蜜を鍋に入れて弱火にかける。沸騰したら、蜂蜜にプラム
　と胡椒ひと摘みを加える。弱火で10分間煮る。この間、焦げ
　付かないように注意する。

3 土器の皿に移し、冷ます。

4 冷やしてからミントの葉をあしらって供する。

ローマ時代の砂糖

　ギリシア人とローマ人は、砂糖の代わりに蜂蜜を食料や薬として使いました。サトウキビの糖（甘蔗糖）を使い始めたのは中世になってからで、アラブ人が広めました。

　しかし、ギリシア語やラテン語の原典には、インド人が発見した葦から採れる蜂蜜の一種について記載があります。セネカによると、その蜂蜜はインドの葦の葉からも採れ、「夜露のように空から落ちてくるものかもしれないし、植物の樹液かもしれない」と記しています。大プリニウスも、またディオスコリデス*も著書『薬物誌 *De materia medica*』で葦の蜂蜜に言及しています。

　ギリシア人とラテン人の著述家は「葦の蜂蜜」を果物や根の抽出液、または葉の分泌液と考えたりもしました。その上、甘蔗糖の様相も時によって異なっていました。つまり、液体だったり、塩のような結晶だったりしたわけです。とは言え、甘蔗糖は1〜5世紀には開発されていませんでした。

　古代ギリシャとローマのフランス語辞書『*Le dictionnarie des antiquités Grecques et Romaines de Daremberg et Saglio*』より

*ペダニウス・ディオスコリデス
古代ギリシアの薬理学者 紀元40–90年

果物は自然の甘味だけれど、古代には砂糖の代わりに蜂蜜が長い間使われていた。
Brooklyn Museum

Pickled plums with honey

スペルト小麦のパン

　王政期とと共和政期のローマでは、このレシピのパンが基本的な食物でした。朝、目覚めた後の朝食 jentaculum ではチーズと共に食べ、正午に手早く済ませる昼食 prandium でも、肉の冷製、フルーツ、ワインと共にパンを食べました。

材料

スペルト小麦粉	500g
ぬるま湯	300mℓ
塩	小さじ2
パン工房用のドライイースト（顆粒）	10g

生イーストの場合、小麦粉500gに対して21gを25℃のミルクと蜂蜜に入れて用いる。

スペルト小麦の細やかな物語
ローマ人の日常パン

　スペルト小麦は「ガリアの小麦」とも呼ばれ、普通の小麦によく似た穀物ですが、普通の小麦と違うところは穀粒が堅い皮殻(かひ)に覆われていることです。これは黴から身を守るための構造です。根が深いので、痩せて乾燥した土壌でも育ちます。

　スペルト小麦は古代にはラテン人の食餌の基本でした。古代ローマでは婚礼時にもスペルト小麦のパンを食べました。最も厳粛な婚礼儀式であった cumfarreatio で、夫と妻が共に食べる風習でした。

　この小麦は収穫高が少なかったので、ローマ時代においても徐々に普通の小麦に取って代わられ、後には米に代わられ、ついには完全に姿を消しました。しかし、栄養素に富んでいるので、今日ではまた脚光を浴びています。蛋白質とミネラルの含有量が高い点や、生育上の重要な利点が見直されています。痩せた土壌でもよく生育し、寒さや病気にも強く、栽培に肥料や化学除草剤を必要としません。穀粒は熱を多量に集積し、ベッドを温めるためにも使われるほどです。スペルト小麦は北フランス、ベルギーで栽培されましたが、一粒小麦（小スペルト小麦）は地中海沿岸地方の由来です。

　スペルト小麦は普通の小麦との混合か、挽き割りや丸粒で健康食品店、ハーブ専門店やスーパーマーケットで購入できます。

1 材料でパン生地を作り、15~20分間捏ねる。

2 温かい場所に1時間寝かせる。

3 ボール状に小さく丸めるか、全体でローフにまとめる。

4 オイルを敷いたオーブン皿に乗せ、更に1時間寝かせる。
　焼く前に表面に十字型の切れ込みをナイフで入れる。

5 240℃のオーブンで25~35分間焼いて出来上がり。

完全な形で遺っているポンペイのオーヴン。王政と共和政期にはスペルト小麦がパンに広く使われていたが、小麦も既に共和政期に広まり、帝政期に普及した。
撮影 Bernard Leprêtre

Spelt bread

カトーのロールパン(Mustacei)

　大カトーは『農業論 De agri cultura』の著者で、簡潔なレシピを数片書き遺していますが、その料理は彼の厳格な人格を反映しています。ここでご紹介するのはパンの作り方です。

材料

スペルト小麦	500g	ラードまたはバター* 100g
おろした雌羊乳のチーズ	80g	
パン工房用のドライイースト（顆粒）	10g	
葡萄ジュース／発酵前の葡萄汁	250ml（イーストを入れる）	
塩、アニスシード、クミンシード	各小さじ2	

1　イーストを生温い葡萄ジュースに加えて掻き混ぜ、10分間室温に放置する。粉、塩、スパイスを混ぜ合わせる。和らかくしたバターかラードを加え、イースト入り葡萄ジュースも加える。よく捏ねてから、おろしチーズを加え、さらによく捏ねる。

2　覆いをかけて、温かい場所に2時間寝かせる。もう一度捏ねてから 小さなローフにまとめ、表面に十字形を付ける。オイルを引き、粉を振った皿（天板）にローフを置き、さらに1時間寝かせる。

3　オーブンに入れ、200℃で25分間焼く。

ローマのパン職人

　「パン屋の墓碑」と呼ばれる墓碑が南フランスのナ
ルボンヌで発見されました。ローマ時代には小麦はパン
職人が自前で製粉していたのですが、砂時計の形をした
二部式構造の粉挽き臼をロバに挽かせ、番犬がロバの番をし
ました。ロバの代わりに、召使や囚人が粉挽きを強制させら
れることもありました。直径80cmもある巨大な挽き臼が発見されて
いますが、それは個人用のものではなく、大量の粉を生産するため
に使われたと考えられます。

　王政期には、穀物は挽かずに穀粒そのままの形で水やミルクで調
理した粥（puls）で食べられていて、発酵させませんでした。一方、
ギリシアやエジプトでは発酵させて焼いたパンの製造法を知ってい
ました。柔らかく厚い盛り上がりがある平たいローフ・ブレッドと
発酵パンがローマに現れたのは共和政期になってからです。帝政期
にはガリア人がパン製造の高度な専門技術を確立しました。小麦、
大麦、スペルト小麦は馬の毛の篩（ふるい）で選り分けられましたが、この技
術はガリア人の発明であると大プリニウスは記載しています。

　ガリアやイタリアのポンペイの遺跡から古代のローフ・ブレッド
がそのままの形で発見されています。この平たいローフ・ブレッド
は円形で、直径が10~20cm。表面に平行線や切り込みが付いている
こともあります。フランス北部ピカルディ地方のアミアンでは、考
古学者がパン工房跡を発見しており、穀物の痕跡、発酵前のパン生地、
挽き臼、篩、オーブン、焼き上がったパンの切れ端が見つかってい
ます。

　G. Coulon著『*Les Gallo-Romains*』

＊ローマ人はバターを使わなかった
　が、ガリア人はラードとバターを
　調理に用いた。

小麦やスペルト小麦用の
小さな挽き臼
ルーアン近郊　Museum of Évrux
撮影　Yves Buffetaut

Cato's bread rolls

蜂蜜とスパイス風味のワイン

「多くの人がムルスム mulsum（蜂蜜とスパイス入りの甘口ワイン）に浸したパンだけを食べて長生きした」と大プリニウスが記しています。

材料

赤ワイン　　　　　1瓶（イタリアまたは北アフリカ産）
蜂蜜　　　　　　　大さじ2
挽いた白胡椒　　　すり切り小さじ2

アルル近郊Beauclercの The mas des Tourelles社はムルスムなどのローマ時代のワインを生産販売
©Mas des Tourelles

ローマ時代のガラス

　アウグストゥス帝（在位 紀元前27年–紀元14年）がローマを掌握し、帝国を築いた後に続く平和な時代に、吹きガラス工房が多数オープンしました。

　高価な鋳造ガラス技法に取って代わった吹きガラス技法は中東で紀元前1世紀に現れた技法です。吹きガラス技法によって、ガラスに様々な装飾を施せるようになりました。ガラスの元々の色は青緑ですが、シリカ、ライム、ソーダまたはカリウムの混合物に二酸化マンガンを加えてガラス窯で熱し、透明ガラスを製造しました（大プリニウス著『博物誌』）。

　濃紺の背景ガラスの上に白いレリーフ文様が浮かび上がっている多重層のカメオガラス技法は、ポートランド花瓶（大英博物館蔵、紀元前1世紀後半）のような有名な作品を生み出しました。ミッレフィオリ（千華文）は多彩色のガラス棒が熔融して出来上がるガラスです。

　この他、金糸や金箔を埋め込む技法もあります。ガラス芸術の頂点として、カットガラス杯のディアトレタ・ガラスが4世紀に現れました。

片手付き角瓶 1–2世紀　リヨン美術館蔵
撮影　Yves Buffetaut

蜂蜜と胡椒を鍋に入れ、温める。沸騰したら、火を弱めて1~2分間泡を出す。泡と灰汁を掬う。蜂蜜をカラフェに移し、ワインとグラス1杯の水を加える。少なくとも24時間漬け込む。

　アピキウスは初著書『De re coquinaria』に蜂蜜とスパイス入りワインを使用したレシピを幾つか記載していますが、そのレシピは旅行者に打って付けでした。永久保存可能で、旅行中に少しずつ楽しんで飲めたからです。「適切な時期に飲むワインの量に応じて蜂蜜やワインを追加しなさい」（アピキウス『De re coquinaria』J. Andrè訳）。蜂蜜はワインより重いので、カラフェの底部に沈み、蜂蜜と胡椒の風味がゆっくりと時間をかけてワインに浸透します。ムルスムと呼ばれる蜂蜜入りの甘口ワインは、蜂蜜と黒胡椒、丁子、シナモンなどの様々なスパイスを混ぜ合わせる特殊な製造技法で作られます。この甘口ワインは今でもプロヴァンス地方のMas des Tourelles社で製造され、伝統が守られています。
ウェブサイト：www.tourelles.com

Wine with honey and spices

消化促進ガルム Oxygarum

アピキウスが考案したレシピで、過食による胃の不快感を改善します。

材料

胡椒	14g
伊吹防風（いぶきぼうふう）	ひと摘み
カルダモン、クミン	各7g
スパイクナードの葉	1枚
乾燥ミントの葉	6枚
蜂蜜	
ガルム（魚醤／ニョクマム）	
酢	

スパイスの材料を砕き、篩（ふるい）にかけ、蜂蜜を加えて濃厚な味にする。飲む直前にガルムと酢を加える。

重さの計量単位

ローマ共和政期には、
オンス(uncia)は27.25gで
ポンド327g(libra)の¹/₁₂
Scripulumは1.13gでポンドの¹/₂₄

1オンスから1ポンドまでの
12段階に個別の呼称がありました。
Quadrans：3オンス

中には不明瞭な単位もあり、
Quantum trilus digitis comprehendi
potest：3本の指で持ち上げられる重さ
　　　　　　（ひと摘み）
Pugnum：片手1杯分
Quantum manus utraque gestalit：
　　　　　　両手1杯分の重量
を示します。

　この飲み物は、栄養過多な食事を摂った翌日に胃の不快感を軽減するために飲用されました。胡椒の量からすると、実際の効用は疑わしいものです。ガリアの伊吹防風はヨーロッパの野原で普通に見かける芳香植物ですが、情報が乏しいので、おそらく、パセリで代用できるでしょう。

Lillebonneで発見された店主の墓碑。木製スタンドに
立つ店主の背後の棚には四角い箱とガラス瓶が並ぶ。
©cg76-Musee des Antiquites-Rouen
撮影 Yohann Deslandes

ハーブ索引

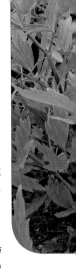

　ローマ時代の料理に使われた多くの芳香性植物には、薬草の効能があります。その薬草の概要を幾つかご紹介します。

アジョワン・キャラウェイ　Ajwain, *Trachyspermum ammi*

　インディアン・タイムとも呼ばれ、エジプト原産で、ギリシア人がエジプトからインドにもたらしたとされます。タイム、クミンやフェンネルのような繊細な香りはレンズ豆、豌豆、パンや肉類にも合います。インド食材店で購入できます。

　アピキウスは、「スパイスソルトはとても有益で、消化促進し、胃腸に良く、ペストから普通の風邪まで全ての病気予防に効果があり、その上、味もとても良い」（アピキウス『*De re coquinaria*』J. Andrè 訳）としてこのスパイスを使いました。

スパイクナード／甘松香　Spikenard, *Nardostachys grandiflora*

　ヴァレリアン科の顕花植物。スパイクナードの根茎からは香油が採れ、インドでは香の製造に用いられます。古代ローマでは豪華な香水であり、その鎮静効果と催眠効果のため、宗教儀式に使われました。スパイクナードの葉とスパイクの部分はソースの風味添えや芳香ワインの製造に使われました（大プリニウス）。アピキウスは、飲み物としても薬としても素晴らしいスパイス風味のワインに使っています。

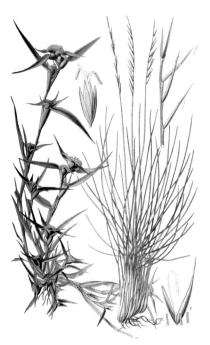

パセリ　Parsley, *Petroselinum crispum*

　このセリ科ハーブは当時もよく知られていて、栽培されていましたが、アピキウスはあまり言及していないハーブです。美食家はコリアンダーを好み、パセリは一般的過ぎると考えられていました。

野生セロリまたはラヴェージ Lovage, *Levisticum officinalis*

ラヴェージまたは野生セロリはおよそ45種類あるApiaceae科植物種の一属です。その中で最も有名なのはセロリで、アピキウスのレシピでは茎や根が野菜として使われたり、冷製・温製のいずれでもソースの薬味に多く使われています。消化促進作用があり、胃腸内にガスが溜まるのを防ぐと言われます。

コリアンダー Coriander, *Coriandrum sativum*

Apiaceae科の1年生草本で地中海沿岸地方に生育し、アピキウスのレシピによく登場します。ローマ時代の料理では、肉類や野菜の出汁にリークの根と共にブーケガルニに入れて使います。生の葉は野菜料理のソースやサラダのドレッシングに風味を添えます。コリアンダーの種は果実であり、乾燥させてから潰して、酢の風味付けや調味料として用います。種の風味は生の葉のものと異なります。注意として、コリアンダーの種は頭痛と不眠症に効果があるものの、リビドーを増加させることが知られています。

ヒソップ（柳薄荷） Hyssop, *Hysopus officinalis*

地中海沿岸東部に生育する草本植物で、古代には聖なるハーブで薬効があると考えられていました。タイムやオレガノに似ています。ヒポクラテスはヒソップをラベンダーとタイムと共にペストの燻蒸消毒に用い、肋膜炎や気管支炎にはその治療薬として推奨しました。また、胃痛にも用いられました。ユダヤ人と聖書の伝統では、聖なるハーブとして清めの象徴です。アキピウスはクレタ産ヒソップの種をスパイスソルトに使いました。

シルフィウム Silphium, laser, *Laserpitium gallicum*
絶滅した古代のハーブ

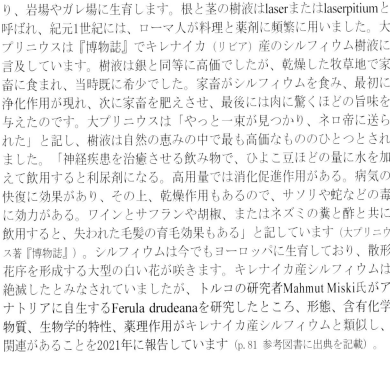

　白またはピンク色の花の多年生植物で、丈は1メートル以上にもなり、岩場やガレ場に生育します。根と茎の樹液はlaserまたはlaserpitiumと呼ばれ、紀元1世紀には、ローマ人が料理と薬剤に頻繁に用いました。大プリニウスは『博物誌』でキレナイカ（リビア）産のシルフィウム樹液に言及しています。樹液は銀と同等に高価でしたが、乾燥した牧草地で家畜に食まれ、当時既に希少でした。家畜がシルフィウムを食み、最初に浄化作用が現れ、次に家畜を肥えさせ、最後には肉に驚くほどの旨味を与えたのです。大プリニウスは「やっと一束が見つかり、ネロ帝に送られた」と記し、樹液は自然の恵みの中で最も高価なもののひとつとされました。「神経疾患を治癒させる飲み物で、ひよこ豆ほどの量に水を加えて飲用すると利尿剤になる。高用量では消化促進作用がある。病気の快復に効果があり、その上、乾燥作用もあるので、サソリや蛇などの毒に効力がある。ワインとサフランや胡椒、またはネズミの糞と酢と共に飲用すると、失われた毛髪の育毛効果もある」と記しています（大プリニウス著『博物誌』）。シルフィウムは今でもヨーロッパに生育しており、散形花序を形成する大型の白い花が咲きます。キレナイカ産シルフィウムは絶滅したとみなされていましたが、トルコの研究者Mahmut Miski氏がアナトリアに自生するFerula drudeanaを研究したところ、形態、含有化学物質、生物学的特性、薬理作用がキレナイカ産シルフィウムと類似し、関連があることを2021年に報告しています（p.81 参考図書に出典を記載）。

コモンマロー（ゼニアオイ） Common mallow, *Malva sylvestris*

　ヨーロッパ全域に生育するハーブで、農場や牧草地近くの硝酸塩を多く含む土壌に育ち、鎮静作用、肺疾患に対する作用や下剤の効果があり

ます。刺激の緩和に湿布に用いたり、胃の不快感、気管支炎、気管炎や虫刺されを緩和する煎じ薬として使われます。ディオクレティアヌス帝の勅令に丈の異なる2種類のコモンマローの記載があり、ローマ時代に菜園で栽培されました。オイルと酢のドレッシングに加えたり、野菜料理に使われました。オイルと酢の比率によってオキシガルムまたはオレオガルムと呼ばれました。

目草薄荷 Pennyroyal, *Mentha pulegium*
（めぐさはっか）

　多年生の匍匐ミント。根茎は強い芳香を放ち、ヨーロッパ全土、北アフリカと西アジアに生育します。フランスでは、極めて一般的な植物でソース、デザートや飲み物の風味付けに用います。刺激作用と抗痙攣作用があり、抽出物は頭痛を緩和し、蚤や蚊の忌避剤にもなります。漁師は目草薄荷と酢とを瓶に保存し、時には海水と保存することもあり、それを漁船に持ち込み、船底に溜まった水の浄化に用いました。最近まで、失神した人の気付薬にも使われました。

銀梅花 Myrtle, *Myrtus communis*
（ぎんばいか）

　地中海沿岸地方原産の常緑薮で葉は先が尖り、夏の終わりに結実します。葉と枝は燻蒸して屋内に芳香を付けるのに用います。アピキウスは蕪を保存するのに銀梅花に塩と酢を混ぜて用い、ローストミートやミートボールのソースの調味料としても使いました。胡椒と置き換えることもできたのですが、ローマ人には胡椒は高価過ぎたのでした。大カトーは銀梅花を黒色、白色と結合銀梅花の３種類に分類し、黒色銀梅花のワイン製造法を解説しています。銀梅花の実を陰干しで完全に乾燥させ、潰し、甘口ワインのアンフォラに入れ、封印するという方法でした。

タイム Thyme, *Thymus vulgaris*

　コルメッラやアピキウスの時代にはタイムは使われていませんでしたが、蜂蜜の風味と質をよくするために蜂の巣近くで栽培されました。

コモンルー（ヘンルーダ）　Common rue, *Ruta graveolens*

　優雅なハーブと言われるヘンルーダはRutaceae科の多年生ハーブで花は黄色く、葉は緑青色で、芳香と薬効が知られています。ココナッツに似た強い浸透性の芳香を放ち、味には苦味があります。樹液は光線に対する感受性を増大させるので、日焼けが生じることもあります。東南ヨーロッパと地中海沿岸が原産地。アピキウスは度々言及していて、低用量で消化促進し、含有するルチン（フラボノイド）は抗酸化物質を含むとされます。蛇咬症や虫刺されに効果があります。しかし、高用量では毒であり、妊娠中絶薬です。逸話では、ティトゥス帝（在位79-81年）の娘がヘンルーダを食べた後に世を去ったと言われます。

ウィンターセイヴォリー（木立薄荷）　Winter savory, *Satureja montana*

きだちはっか

　催淫性ハーブとして知られ、「愛のハーブ」と呼ばれています。ローマとギリシアの料理でソース、ローストミートや茹で肉、魚の味をよくするために広く使われました。小枝数本で、酢に繊細な味付けができます。詩人マルティアリスはこのハーブの催淫効果を風刺詩に詠みました。

訳者あとがき

　古代文明は現代に様々な遺産を伝えています。とりわけ、古代食の文化は、現代食と連綿とした繋がりがあり、大切な遺産のひとつと言えましょう。古代人から授かった食の恵みを慈しみ、現代文明と健康に活用することが私たちに示された恩恵です。地中海式ダイエットが成人病予防に有効であると臨床試験に基づいた医学論文で報告され、地中海沿岸の食事が注目されるようになって15年が経ちました。古代ローマ料理は全粒粉、果物、野菜、ナッツ、オリーヴオイルを多く摂取する地中海式ダイエットの原点のひとつとも言えるのではないでしょうか。

　材料の分量や調理時間が明確でないことが多く、入手できない古代の食材もある二千年前の料理を、出来上がり想定の写真で紹介するのは画期的な企画です。読者は写真から容易に出来上がりを想定して、料理に取り掛かれるでしょう。本書日本語版では、原著で「箇条書き」されていない長文の調理手順や容量単位を箇条書きにまとめ、読者が解り易いように工夫しました。

　本書の原著を南フランスのアルルにある古代ローマ闘技場で知り、その後、ルーアン近郊のYsec Éditions（原著出版並びに本著フランス国内出版）に出向き、翻訳に取り掛かる運びとなりました。現代まで培われて来た古代ローマ料理を身近に感じ、その優れた点を現代の食文化の豊かさと健康増進に加えていただければ、幸いです。

　ラテン語のカタカナ表記は古典読みの発音に従い、原著にラテン語長母音の表記がなく、長母音として記すべきかが不明なものについても、極力妥当と思われる表記法にし、且つ我が国で既に親しまれている表記に準じています。

謝辞

　Ysec Éditions、原著者Brigitte Leprêtre氏、三恵社、原著解釈校閲のAlexander Laing教授、そして本書の出版にご協力いただいた方全員に謝意を表します。

海田 芙柚悸
医学翻訳家、歯科医師。ハーヴァード大学語学講座を修了。イリノイ大学でヘンリー・マグァィア教授の初期キリスト教美術、中世西洋美術、ビザンティン美術を受講し、ルネサンス美術も同大とフィレンツエで受講する。各地の美術館と博物館を巡り歩く。
国際ガラス歴史学会 International Association for the History of Glass 会員
著書『古代ガラスを巡る旅-アンニア街道と北イタリアの博物館から』
　　『Secret Beauty of Ancient Glass from the Via Annia and Northern Italy
　　　Exquisite Glass Awaken from Eternal Slumber』
　　『遺跡に学ぶ考古学クッキング』

参考図書

Apicius. *Cookery and Dining in Imperial Rome.* General Books LLC, 2010

Caton. *De l'agriculture.* Text established, commentated and translated by R. Goujard, Les Belles Lettres, Paris, 2003

Columelle. *De l'agriculture.* Text established, commentated and translated by J.C. Dumont, Les Belles Lettres, Paris, 1975

Coulon, Gérard. *Les Gallo-Romains.* Éditions Errance, 2006

Drachline, Pierre et Petit-Castelli, C. *À table avec César.* Éditions Sand, Paris, 1984

Hacquard, G., Dautry, J. et Maisani,O. *Guide romain antique.* Éditions Hachette, Paris

Juvénal, *Satires.* Text established by P. de Labriolle et F. Villeneuve, émandé, pésenté et traduit par Olivier Sers, Classiques en Poche, Paris

Miski, Mahmut. Next Chapter in the Legend of Silphion: Preliminary Morphological, Chemical, Biological and Pharmacological Evaluations, Initial Conservation Studies, and Reassessment of the Regional Extinction Event, *Plants*, 2021

Palladius. *Traité d'agriculture.* Text established, commentated and translated by R. Martin. Les Belles Lettres, Paris

Pline l'Ancien. *Histoire Naturelle.* Livres 1 à 37. Les Belles Lettres, Paris

Thomas Vallon, Caroline et Vallon de Montgrand, Anne. *Lucullus dine chez Lucullus.* Équinoxe, Saint-Rémy-de-Provence, 2006

Villevieille, Martin. *Histoire des recettes de Provence.* Éditions Jeanne Laffitte, Marseille.

ウェブサイト(仏語)
http://www.mediterranees.net　ギリシアやローマの歴史について
http://www.clioetcalliope.com　ローマ料理のレシピ

書籍タイトル　　古代ローマの料理と食文化

2020年11月 6日　初版発行
2022年 5月18日　第七刷発行
2022年 6月28日　第八刷発行
2023年 4月 7日　第九刷発行
2024年 6月 4日　第十刷発行

著　者　　Brigitte Leprêtre
訳　者　　海田 芙柚悸
定　価　　本体価格 1,600 円+税
発 行 所　　株式会社　三惠社
　　　　　　〒462-0056 愛知県名古屋市北区中丸町2-24-1
　　　　　　TEL 052-915-5211　FAX 052-915-5019
　　　　　　URL http://www.sankeisha.com